입빵 1

입이 빵 터지는

입빵 1

2021년 6월 28일 초판 1쇄 발행

지 은 이 ┃ 이소영
펴 낸 이 ┃ 서장혁
기   획 ┃ 일빵빵어학연구소
디 자 인 ┃ 이가민
마 케 팅 ┃ 유선경 최은성 윤서영 탁은희

펴 낸 곳 ┃ 토마토출판사
주   소 ┃ 서울시 마포구 양화로161 케이스퀘어 725호
T E L ┃ 1544-5383
홈페이지 ┃ www.tomato4u.com
E-mail ┃ edit@tomato4u.com
등   록 ┃ 2012. 1. 11.
I S B N ┃ 979-11-90278-77-5 (03840)
            979-11-90278-76-8 (세트)

입빵 1

이소영 지음

**토마토
출판사**

"렛츠일빵빵이
더욱 강력해졌습니다"

기종에 따라 플레이스토어나 앱스토어에서
'**일빵빵**' 검색 후 어플 다운로드 받으시고
매일 업데이트 되는 최고의 강의를 들어보세요.

Let's 일빵빵
'입이 빵 터지는' 입빵1

C O N T E N T S

CONTENTS

CONTENTS

입빵 1

'from A to B'

저는 7시<u>부터</u> 4시<u>까지</u> 일해요

ⓦ 핵심표현

> **from A to B : A에서 B까지 (시간, 거리 모두 사용)**
> - 시간을 말할 때 - 9시부터 6시까지 : from nine to six
> - 거리를 말할 때 - 서울에서 밴쿠버까지 : from Seoul to Vancouver

ⓦ 예문

> - 저는 7시부터 4시까지 일해요 : I work from 7 to 4.
> - 강남에서 저희 집까지 1시간 걸립니다 : It takes an hour from Gangnam to my house.

ⓦ Let's practice ❸ ➟ ❷ ➟ ❶ ➟ GO

1 저는 주로 9시부터 6시까지 일해요 :

2 이 곳은 12월에는 월요일부터 목요일까지 열어요 :

3 저는 그 경기 처음부터 끝까지 다 봤어요 :

4 여기서 저희 집까지 한 시간 걸려요 :

5 여기서 저희 집까지 지하철 타고 한 시간 걸려요 :

6 저희는 매일 8시부터 8시까지 영업해요 :

'get'

저 새로운 곳에 취직했어요

☺ 핵심표현

Get

- 받다 (receive)
- 이해하다 (understand)
- 사다 (buy)
- 얻다, 구하다, 구해주다

☺ 예문

- 나 이해 했어 : I get (understand) it.
- 저 새 휴대폰 샀어요 : I got (bought) a new phone.
- 저 새로운 곳에 취직했어요 : I got a new job. **TIP** get + 사람 + 명사 : ~에게 ~을 가져다 주다, 얻어주다

  (•나 물 좀 갖다 줄 수 있어? : Can you get me some water?)

  (•내가 테이블 하나 잡아 줄게? _____)

⏱ Let's practice ❸ ➡ ❷ ➡ ❶ ➡ GO

① 저 당신 이메일 받았어요 :

② 저는 이 가방 작년 여름에 구매했어요 :

③ 아직도 이해가 안가 :

④ 이거 여동생한테 받았어요 :

⑤ 그 셔츠 어디서 샀어? :

⑥ 드디어 일빵빵에 취직을 했어요 :

003강 Let's

입빵1 기초 UP

'had no'

나 어쩔 수 없었어

😊 핵심표현

- I had no choice : 나 어쩔 수 없었어, 다른 대안이 없었어, 선택권이 없었어
- 난 ~이 없었다 : I had no + 명사 (•didn't have 보다 강조)

😊 예문

- 저 시간이 없었어요 : I had no time.
- 나 어쩔 수 없어 (현재) : I have no choice.
- 저 돈이 없었어요 : I had no money.
- 대안이 없을 거에요 (미래) : I will have no choice.

⏰Let's practice ❸ ⇥ ❷ ⇥ ❶ ⇥ GO

1 미안… 시간이 없었어 :

2 나 기회가 없었어 :

3 우리 갈 곳이 없어 :

4 완전 더워서 입맛이 없어요 :

5 저희는 시간이 없을 거에요 :

6 네가 계속 그러면, 우리 어쩔 수 없을 거야 :

16

입빵 1

'be + p.p(감정)'

나 충격 받았어

☺ 핵심표현

I am / was + 느낀 감정-ed

- 나 놀랐어 : I am surprised.
- 나 신나 / 설레 : I am excited.

  감정 형용사 = 동사 원형 (surprise, excite, shock) + -ed

☺ 예문

- 나 심심해 : I am bored. (bored : 지루해 하는)
- 나 재미없는 사람이야 : I am boring. (boring : 재미없는, 지루한)

⏱ Let's practice ❸ ⮞ ❷ ⮞ ❶ ⮞ GO

❶ 어제 완전 심심했어 :

❷ 저 감동받았어요 :

❸ 나 완전 설레 :

❹ 나 좋은 소식 있어. 너 놀라지마 :

❺ 나 이해가 안돼. 나 아직도 헷갈려 :

❻ 저는 그걸 봤을 때 놀랐어요 :

'like'

저희 엄마는 요가를 <u>좋아해요</u>

핵심표현

- like : ~을 좋아하다, 상대방을 칭찬 할 때 사용
- be fond of : ~에게 애정이 있다, 애틋하다, 각별한 마음이 있다
- love : ~을 많이 좋아하다

예문

- 전 제 학생들에게 각별한 마음이 있어요 : I'm fond of my students.
- 전 제 일이 정말 좋아요 : I love my work.
- 네 가방 예쁘다 : I like your bag.
- 네 원피스 정말 예쁘다 : I love your dress.

Let's practice ❸ ⇒ ❷ ⇒ ❶ ⇒ GO

1 제 남동생은 한국 음식을 엄청 좋아해요 :

2 저희 가족은 달콤한 걸 좋아합니다 :

3 네 차 완전 예쁘다. 언제 샀어? :

4 저는 제 강아지들을 각별하게 생각해요 :

5 저는 새로운 곳에 취직했어요. 저는 제 일이 엄청 좋아요 :

6 네 신발 완전 예쁘다~ 어디서 샀어? :

'be + 날씨단어'

하루 종일 날씨가 쨍쨍했어

☺ **핵심표현 1**

날씨 : It + 동사 + 날씨를 나타내는 형용사
- 구름이 꼈다 : It is cloudy.
- 해가 쨍쨍하다 : It is sunny.

☺ **핵심표현 2**

the whole (전체) + 명사 : 명사 전체 (전부 다)
- 하루 종일 : the whole day all day (long)
- 나라 전체 : the whole country

🕐 **Let's practice ❸ ➤ ❷ ➤ ❶ ➤ GO** ································

1 오늘 쌀쌀합니다 :

2 저는 하루 종일 잤습니다 :

3 하루 종일 날씨가 습했습니다 :

4 저는 집 전체를 청소를 했습니다 :

5 너무 더워요. 입맛이 없어요 :

6 밖에 엄청 추웠어. 나도 어쩔 수 없었어 :

'I'm free'

나 오늘밤에 <u>시간 돼</u>

☺ 핵심표현

- I am free : 나 이제 자유다, 나 시간 있어
- I am free on + 요일 : 나 ~요일에 시간 돼
- Are you free? : 너 시간 돼?
- Are you free for + 명사 / to + 동사 원형 ? : ~할 시간 있어?

☺ 예문

- 나 화요일에 시간 돼 : I am free on Tuesday.
- 나 주로 월요일마다 시간 돼 : I am usually free on Mondays.
- 너 오늘 밤 시간 돼? : Are you free tonight?
- 점심 먹을 시간 있어? : Are you free for lunch?

⏰ Let's practice ❸ ▸ ❷ ▸ ❶ ▸ GO

① 너 내일 시간 돼? 네 도움이 필요해서 :

② 나 오늘은 바쁘고, 목요일은 시간 돼 :

③ 너희들 언제 시간 돼? :

④ 오늘 저녁에 식사 같이 할 시간 있어? :

⑤ 저 내일 점심 먹을 시간 되요 :

⑥ 시간 될 때 문자 줘 :

'What do you think~?'

네 생각은 어때?

☺ 핵심표현

- **What do you think?** : (생각, 의견) 어떻게 생각해?
  (•How do you think가 틀린 이유는? _____)
- **What do you think of +** 명사 **?** : ~에 대해 어떻게 생각해?
- **How do you feel?** : (느낌, 감정) 어때?

☺ 예문

- 내 새 노트북 어때? : What do you think of **my new laptop?**
- 나 어떻게 생각해? : What do you think of **me?**

☺Let's practice ❸ ➠ ❷ ➠ ❶ ➠ GO

1 나는 파란색이 제일 나은 거 같은데, 어떻게 생각해? :

2 내 새로운 집에 대해서 어떻게 생각해? :

3 일빵빵 앱에 대해서 어떻게 생각해? :

4 한국 음식에 대해 어떻게 생각하세요? :

5 전 그의 생각이 맘에 드는데요, 어떻게 생각하세요? :

6 저 새 원피스 샀는데, 어때요? :

'return'

집으로 <u>돌아가기</u> 싫었어

☺ **핵심표현**

- ~으로 돌아가다, 돌아오다 : return + to 장소
- 돌려주다, 반납하다, 환불하다 : return + 명사 (• 교환하다는? _____)
- 보답으로, 대가로 : in return

☺ **예문**

- 저는 여기 돌아오기 싫었어요 : I didn't want to return here.
- 나 집으로 돌아가기 싫었어 : I didn't want to return home.
- 저 이 청바지 환불하고 싶어요 : I'd like to return these jeans.
- 제가 보답으로 점심 살게요 : I will buy you lunch in return.

⏱ **Let's practice** ❸ ⤍ ❷ ⤍ ❶ ⤍ GO

1 나 학교 다시 돌아가봐야겠어 :

2 이 스웨터 반품하고 싶은데, 어떻게 생각해? :

3 보답으로 제가 커피 살게요 :

4 저는 제 나라에 돌아오고 싶지 않았습니다 :

5 제가 오전에 이 셔츠를 샀는데, 환불 가능할까요? :

6 그는 보답으로 저한테 뭘 주셨어요 :

'work'

나는 영어학원에서 <u>일해</u>

☺ 핵심표현

> **Work**
> - 일하다
> - 효과가 있다
> - 직장, 회사
> - 작동하다
> - 일, 업무

☺ 예문

> - 저 영어학원에서 일해요 : I work at an English academy.
> - 내 핸드폰 고장 났어 : My phone does not work.
> - 이 알약 효과 없어 : The pill does not work.
> - 저 일이 많아요 : I have a lot of work.
> - 저 내일 회사 가요 : I go to work tomorrow.

⏰ Let's practice ❸ ▶ ❷ ▶ ❶ ▶ GO

1 나 내일 시간 돼. 회사 안 가 :

2 노트북 드디어 작동해. 완전 고마워! :

3 제 남편은 지금 회사에 있어요 :

4 어쩔 수 없었어. 일이 완전 많았어 :

5 저 오늘 하루 종일 일했어요 :

6 이거 효과 없더라고. 다른 거 사보려고 :

011강 입뺑1 기초 UP

'favorite'

내가 <u>제일 좋아하는</u> 색은 초록색이야

😊 핵심표현

- (평서문) 난 초록색 제일 좋아해 : My favorite color is green.
  Green is my favorite (color).
- (의문문) 가장 좋아하는 가수는? : Who is your favorite singer?
- 최애의, 역대급의 : all-time favorite

😊 예문

- 가장 좋아하는 색은? : What is your favorite color?
- 그거 내 인생 영화야 : That is my all-time favorite movie!
- 초록색이 내 최애 색이야 : Green is my all-time favorite color!

⏱ Let's practice ❸ ↠ ❷ ↠ ❶ ↠ GO

1 가장 좋아하는 한국 배우는 누구에요? :

2 그거는 내 인생 책이야 :

3 내 인생 영화는 인셉션이야 :

4 일빵빵은 제가 가장 좋아하는 앱이에요 :

5 내가 제일 좋아하는 거 그거 아냐. 내가 제일 좋아하는 책은 이거야 :

6 당신의 인생 노래는 뭔가요? :

24

입뺑 1

'동사+~ing'

배우(하는 것)는 힘든 직업이야

😊 **핵심표현**

- ~하는 것은 ~하다 : 주어 자리에 동사를 넣을 때는 " 동사 + ing "
  '영어 공부 하는 것'은 재미있다 : <u>Studying English</u> is fun.
  '배우 (연기하는 것)'는 정말 힘든 직업이야 : <u>Acting</u> is such a hard job.
- hard : 힘든, 어려운, 단단한
- tough : 거친, 순탄치 않은, 힘든, 고된, 곤란한
- challenging : 어렵지만 도전이 되는, 한계를 경험하는

⏰Let's practice ❸ ▶ ❷ ▶ ❶ ▶ GO

1 가르치는 것은 참 힘든 직업입니다 :

2 9시부터 9시까지 일하는 것은 고됩니다 :

3 불어를 배우는 것은 재미있습니다 :

4 제 직업이 도전해야 하는 직업이지만, 전 제 직업이 좋아요 :

5 산책하는 것은 몸에 좋아 :

6 그것 참 곤란한 질문이군요 :

'축하 단어'

어제는 엄마 <u>생신이었어</u>

😊 **핵심표현**

- 어제는 ~였어 : Yesterday was + 명사
- 생일 축하해 : Happy birthday! • Congratulations?는 맞을까요? Ⓞ Ⓧ
- 늦었지만 생일 축하해 : Happy belated birthday!
- 생일 파티를 하다 : have (throw) a birthday party

😊 **예문**

- 어제는 저의 20번째 생일이었어요 : Yesterday was my 20th birthday.
- 오늘은 제 월급날이에요 : Today is my payday!
- 나 이번 주말에 생일 파티 할거야! : I'm going to throw a birthday party this weekend!

🕗 **Let's practice ❸ ▸ ❷ ▸ ❶ ▸ GO** ....

1️⃣ 오늘은 너의 날! 생일 축하해! :

2️⃣ 늦었지만 생일 축하해! 네 생일선물 샀어 :

3️⃣ 내일 시간 돼? 나 파티 할건데 :

4️⃣ 취직했어? 축하해! :

5️⃣ 어제 저희 부모님 결혼기념일이었어요 :

6️⃣ 31번째 생일 축하해! 좋은 하루 보내기를 :

'introduce'

그가 먼저 자신을 <u>소개했어</u>

😊 **핵심표현**

> • introduce + 소개하는 사람 : ~를 소개하다
>
>   그는 먼저 자신을 소개했어 : He introduced himself first.
> • A set (=fix) me up with B : A가 나에게 B를 소개시켜주다
>
>   내가 너에게 B를 소개 해줄게 : I will set (=fix) you up with B.
> • have a blind date : 소개팅을 하다
> • set up a blind date : 소개팅을 주선하다

⏰**Let's practice ❸ ⇒ ❷ ⇒ ❶ ⇒ GO** ···

1 제 아내 소개 먼저 할게요 :

2 나 Ryan이랑 소개 시켜줄 수 있어? :

3 좋은 사람 있으면 나 소개 시켜줘 :

4 어제 소개팅 했는데 별로 였어 :

5 미팅 전에 자기 소개 먼저 해주실래요? :

6 너 언제 시간 돼? 내가 너랑 Ted 소개팅 해줄게 :

'want to'

헨리가 너를 보고 싶어해

😊 핵심표현

- want to + 동사 원형 : ~하기를 원하다, ~을 하고 싶어하다
- don't want to + 동사 원형 : ~을 하기 싫어하다
- Do you want to + 동사 원형 ? : ~ 하고 싶어?, ~할래?
- You don't want to + 동사 원형 : (권유) ~하지 않는 게 좋을 거야

😊 예문

- 저 거기 가기 싫어요 : I don't want to go there.
- 너 거기 갈래? : Do you want to go there?
- 너 거기 앉지 않는 게 좋을거야 : You don't want to sit there.
- 너 모르는 게 나을 거야 : You don't want to know.

⏰ Let's practice ❸ ⇢ ❷ ⇢ ❶ ⇢ GO

1️⃣ 나 뭔가 재미있는 걸 하고 싶어 :

2️⃣ 너 그거 하지 않는 게 좋을 거야 :

3️⃣ 너 이번 주말에 캠핑 갈래? :

4️⃣ 그녀는 거기 가기 싫어해요 :

5️⃣ 너 이 사진 안 보는 게 좋을 거야 :

6️⃣ 나 파티 열건데, 너 올래? :

'familiar'

그는 왠지 낯이 익어

☺ 핵심표현

- familiar : ~을 잘 알고 있는, 익숙한, 친숙한
- look familiar to someone : ~에게 낯이 익다, 많이 본 것 같다
- be familiar with : ~을 잘 알고 있다, ~에 대한 지식을 갖고 있다
- familiar (익숙한) vs. friendly (친절한)

☺ 예문

- 저 남자 어디서 많이 본 것 같아 : He looks familiar.
- 네 영어 선생님 나한테 낯이 익어 : Your English teacher looks familiar to me.
- 저는 한국 문화에 익숙합니다 : I'm familiar with Korean culture.

☺ Let's practice ❸ ⇢ ❷ ⇢ ❶ ⇢ GO

1 저 남자 어디서 많이 본 것 같은데 :

2 이 지역에 대해서 잘 알고 있나요? :

3 어디서 들어본 것 같은데 :

4 엑셀 다룰 줄 아세요? :

5 네 드레스 완전 예쁘다. 어디서 본 것 같은데 :

6 나 도와줄래? 나 이거 어떻게 다루는 지 몰라 :

'like + 동사패턴'

우리 아빠는 등산을 <u>좋아하셔</u>

핵심표현

- like + 동사 ing : 현재 지향

  I like making food : 요리하는 순간을 좋아해요

- like + to 동사 원형 : 미래 지향

  I like to make food : 요리를 함으로써 그 결과와 효과를 좋아해요

예문

- My dad likes going hiking : 저희 아빠는 등산 자체를 좋아하세요.
- My dad likes to go hiking : 저희 아빠는 등산의 결과인 건강함과 상쾌함을 좋아하세요.

Let's practice ❸ ▸ ❷ ▸ ❶ ▸ GO

1 저는 수영하는 것을 좋아합니다 :

2 저는 매우 바쁘기 때문에, 온라인 쇼핑하는 것을 좋아합니다 :

3 저는 아침 일찍 일어나는 걸 좋아합니다 :

4 저는 거기 가는 걸 안 좋아해요 :

5 저는 사람들 관찰하는 걸 좋아합니다 :

6 저는 저희 강아지들과 노는 걸 정말 좋아합니다 :

'visit'

나는 친구 집에 잘 <u>놀러 가</u>

🙂 핵심표현

- place : 장소, ~의 집, 가게, 식당
- visit + 장소, 사람 : ~에 방문하다
- 잘 놀러가다 = 자주 놀러가다 = often

🙂 예문

- 우리 집에 와 : Come to my place.
- 피자 가게 : pizza place / 초밥 식당 : sushi place
- 저는 그의 집에 방문할거예요 : I will visit his place (=him).
- 잘 먹었어요 : I really enjoyed the meal. (•well이 안 되는 이유? _____)

⏱ Let's practice ❸ ➡ ❷ ➡ ❶ ➡ GO

1️⃣ 나 내일 파티 할건데, 우리 집에 와 :

2️⃣ 여기 주변에 맛있는 피자 가게가 있어 :

3️⃣ 저 이번 주말에 부모님 집에 갑니다 :

4️⃣ 저녁 완전 잘 먹었어요. 다음 번에 저희 집에 오세요 :

5️⃣ 나 친구 집에서 영화 보고 있어 :

6️⃣ 이 햄버거 가게 어디서 많이 본 것 같은데 :

31

'연락하다'

나는 그들과 아직도 <u>연락 해</u>

핵심표현

- contact : (주로 비즈니스 상황, 격식) 연락하다
- text : 문자, 문자 하다, 연락하다 / call : 전화하다, 연락하다
- keep in touch (with) : ~와 꾸준히 연락하다 (*keep _____)
- hit someone up : ~에게 연락을 하다

예문

- (회사) 문제 있다면 연락주세요 : Please contact me if you have any problem.
- 난 너와 계속 연락 할거야 : I will keep in touch with you.
- 언제든 나에게 연락해 : Hit me up anytime!

Let's practice ③ ▸ ② ▸ ① ▸ GO

1 끝나면 내가 연락할게 (친구) :

2 우리 아직도 연락해 :

3 질문 있으면 연락 주세요 (회사) :

4 저는 아직도 고등학교 선생님이랑 연락 해요 :

5 네가 보고 싶을 거야. 계속 연락하자 :

6 일 끝나면 카톡해 :

'curious'

그냥 궁금해서

☺ 핵심표현

- I'm curious (about) : ~이 궁금해, 기대돼
- Are you curious about 명사 ? : ~이 궁금해?
- Just out of curiosity : 그냥 궁금해서 그러는데~

☺ 예문

- 나 그 결말이 궁금해 : I'm curious about the ending.
- 그냥 궁금해서 : I'm just curious.
- 나 진짜 궁금해! : I'm so curious.
- 그냥 궁금해서 그러는데, 이거 왜 바꾼 거야? : Just out of curiosity, why did you change it?

⏱ Let's practice ❸ ▸ ❷ ▸ ❶ ▸ GO

1 나는 이유가 궁금해 :

2 무슨 일이 있었는지 궁금해 :

3 그냥 궁금해서 그러는데, 가방 안에 뭐 있어? :

4 그냥, 그 남자 완전 궁금해서 :

5 그게 궁금해서 왔어요 :

6 그냥 궁금해서 그러는데, 저 남자 몇 살이야? :

'I'm glad'

버리지 않길 <u>잘했어</u>

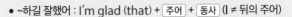

😊 핵심표현

- ~하길 잘했어 : I'm glad (that) + 주어 + 동사 (I ≠ 뒤의 주어)
- ~해서 기쁘다 : I'm glad + to 동사 원형 (I to 동사원형의 주체)

😊 예문

- 당신이 괜찮다고 하니 다행입니다 : I'm glad that you are okay.
- 당신을 보게 되어 기쁩니다 : I'm glad to see you.
- (내가) 버리지 않길 잘했어 : I'm glad (that) I didn't throw it away.

⏱ Let's practice ❸ ⟶ ❷ ⟶ ❶ ⟶ GO

1 그 말 들으니, 기쁘다 :

2 마음에 드신다니, 다행이에요 :

3 네가 비행기를 놓치지 않아서 다행이야 :

4 걔들이 헤어지지 않아서 다행이야 :

5 그렇게 말해주시니 좋네요 :

6 여러분들이 영어를 좋아하니 정말 다행이에요 :

'job'

나 이제 카페에서 <u>일해</u>

😊 핵심표현

- Job : 직업, 역할, 일, 업무, 책임

  이건 네가 책임지고 해야 하는 일이야 : This is your job.
- 직업이 뭐예요? : What do you do (for a living)?
- 저 직장인이에요 : I'm an office worker / I work for + 회사명 / I'm in 분야
- 아르바이트 : part-time job (•알바생 : part-timer)

  나 카페에서 알바해 : I'm working as a part-timer at café.
- 정규직 : full-time job (•정규직 직원 : full-timer)

⏱ Let's practice ❸ ▸ ❷ ▸ ❶ ▸ GO

① 저는 IT 회사에서 일합니다 :

② 하시는 일이 뭐예요? 저는 회사원입니다 :

③ 저는 식당에서 알바 했었어요 :

④ 저 드디어 일자리 구했어요! :

⑤ 난 널 도와줄 수 없어. 이건 너의 일이야 :

⑥ 나 취직했어! 너 끝나면 나한테 연락해 :

'~을 보다'

저는 동물 관찰하는 것을 좋아합니다

😊 핵심표현

- see : (나의 의지와 상관없이 눈이 있어서) 보이다

  나 어제 너 봤어 : I saw you yesterday.
- watch : (시간이나 관심을 기울여) 지켜보다, 주시하다

  난 널 지켜보고 있다 : I'm watching you.
- look : ~을 쳐다보다, 바라보다

  나 좀 쳐다봐 : Look at me.
- observe : ~을 관찰하며 보다, 목격하다

  전 동물 관찰하는 것을 좋아해요 : I like observing animals.

🕐 Let's practice ❸ ▸ ❷ ▸ ❶ ▸ GO

☐ 나 너 콘서트에서 봤는데 :

☐ 제 남동생은 물고기를 관찰하는 걸 정말 좋아해요 :

☐ 봐, 밖에 눈 내리고 있어! :

☐ 너 내 핸드폰 봤어? :

☐ 전 유튜브 보는 거 좋아해요 :

☐ 저 여자 봐봐. 어디서 많이 본 것 같은데 :

'slip'

나 미끄러지면서 발목이 부러졌어

핵심표현

- slip : 넘어지다, (거의 넘어질 뻔) 미끄러지다

  나 미끄러지면서 발목 부러졌어 : I slipped and broke my ankle.

- slippery : 미끄러운, 미끄덩거리는

  바닥이 미끄러워 : The floor is slippery.

- slip one's mind : ~을 완전히 깜빡 하다

  나 그거 깜빡 했어. : It slipped my mind.

  나 어제 그의 생일이었던 것을 깜빡 했어 : It slipped my mind that it was his b-day yesterday.

Let's practice ❸ » ❷ » ❶ » GO

1 나는 미끄러지면서 팔이 부러졌어 :

2 조심해. 도로 엄청 미끄러워 :

3 완전 깜빡 했어. 나 어떡하지? :

4 이런, 미안. 완전 깜빡 했어 :

5 나 그의 생일을 완전 깜빡 했어 :

6 오늘 내 월급날인 거 완전 깜빡 했어 :

'right now'

나 <u>지금</u> 일본어 공부 하고 있어.

☺ 핵심표현

- right now : 말하는 지금 순간, 당장 (•right now _____)

  지금 당장 해 : Do it right now.
- right away : 금방, 곧바로 (과거, 현재, 미래 시제 가능)

  제가 그거 바로 할게요 : I will do it right away.

☺ 예문

- 나 퇴근 후에 바로 집으로 가야해 : I have to go home right away.
- 나 지금 당장 집으로 가야 해.: I have to go home right now.

🕐 Let's practice ❸ ▸ ❷ ▸ ❶ ▸ GO

1 내가 지금 당장 널 못 도와줘 :

2 저는 바로 거기 갔습니다 :

3 지금 당장 와줄 수 있어? :

4 저 지금 저녁 먹고 있어요 :

5 저 바로 여기 떠날 거에요 :

6 Julie가 집에 오면, 바로 너한테 전화할게 :

'ridiculous'

이건 진짜 말도 안돼

핵심표현

- ridiculous : 말도 안 되는, 터무니 없는
- make sense : 이치에 맞다, 일리가 있다
- You can't be serious : 말도 안돼, 진심은 아니지?

예문

- 이거 말도 안되게 비싸 : This is ridiculous. It's too expensive.
- 이건 말도 안돼 : It does not make sense.
- 너 팔 부러졌다고? 말도 안돼 : You broke your arm? You can't be serious.

Let's practice ❸ ▸ ❷ ▸ ❶ ▸ GO

1 이 원피스 너무 비싸다. 말도 안돼 :

2 너 못 간다고? 장난 하는 거지? :

3 난 이해를 못하겠어. 이거 말 되는 거야?

4 나한텐 말이 안돼 :

5 내 생각에는 그거 일리가 있어 :

6 이거 진짜 말도 안돼. 걔 거짓말 한 것 같아 :

'시간 읽기'

나 정오가 지나서야 일어났어

😊 핵심표현

- past : -이 지난
- to : -의 전에
- quarter : 15분 (1 / 4)
- half : 30분 (1 / 2)

😊 예문

- 3시 10분 : (It's) ten past three.
- 2시 50분 : (It's) ten to three.
- 3시 15분 : (It's) quarter past three.
- 4시 30분 : (It's) half past four.
- 7시 45분 : (It's) quarter to eight.

🕐 Let's practice ❸ ▸ ❷ ▸ ❶ ▸ GO

1️⃣ 지금 2시 5분입니다 :

2️⃣ 지금 4시 45분입니다 :

3️⃣ 지금 9시 반입니다 :

4️⃣ 지금 5시 50분입니다 :

5️⃣ 나 거기 1시 15분에 도착했어 :

6️⃣ 미팅은 3시 50분에 시작했습니다 :

'집안일 관련'

내 남동생이 <u>설거지 했어</u>

☺ **핵심표현**

- 집안일 하다 : do house chores
- 빨래하다 : do the laundry
- 장보러 가다 : go grocery shopping
- 쓰레기 버리다 : take out the garbage

- 침대 정리하다 : make the bed
- 청소기 돌리다 : vacuum
- 설거지 하다 : do the dishes

☺ **예문**

- 저 집안일 하는 걸 좋아해요 : I like doing house chores.
- 전 매일 침대 정리해요 : I make the bed every day.
- 내 남동생이 설거지 했어 : My little brother did the dishes.
- 나 쓰레기 버리고 올게 : I will take out the garbage.

🕐 **Let's practice ❸ ↠ ❷ ↠ ❶ ↠ GO**

☑ 나 바로 설거지 할게 :

☑ 침대 정리하는 거 잊지마 :

☑ 장보러 가자! :

☑ 저희 엄마가 주로 집안일을 하십니다 :

☑ 저녁 먹고 쓰레기 버릴게 :

☑ 내가 집에 가면, 빨래 할게 :

'버릇, 습관 표현'

버릇이 잘 안 고쳐져

핵심표현

- 버릇, 습관을 고치다 : break (=kick) the habit
- 세 살 버릇 여든까지 간다 : Old habits die hard.
- ~을 그만두다 / 끊다 : quit (=stop) + 동사 ing

예문

- 너 습관 좀 고쳐야겠다 : **You should** break (=kick) the habit.
- 금주하다 : quit (=stop) **drinking**
- 금연하다 : quit (=stop) **smoking**

⏱Let's practice ❸ ▶ ❷ ▶ ❶ ▶ GO

1 버릇 고치는 거 정말 힘들어 :

2 저 담배랑 술 끊었습니다 :

3 너 다시 술 마셔? 세 살 버릇 여든 까지 가네 :

4 나 손톱 물어뜯곤 했는데, 버릇 고쳤어 :

5 저 커피 많이 마셨는데, 습관 고쳤습니다 :

6 잘했어. 버릇 고치는 거 힘든거 나도 알지 :

'~ed vs. ~ing'

어제는 너무 <u>피곤한</u> 하루였어

☺ 핵심표현

- tired : 피곤한, 지친 vs. tiring : 피곤하게 만드는
- bored : 지루해하는 vs. boring : 지루하게 만드는
- excited : 신이 난 (설레임을 느끼는) vs. exciting : 신나게 만드는

☺ 예문

- 어제는 피곤한 하루였어 : Yesterday was tiring.
- 나 어제 피곤했어 : I was tired yesterday.
- 나 심심해 : I am bored.
- 그 영화 재미없어 : The movie is boring.
- 나 신난다! : I am excited!

⏰ Let's practice ❸ ⇒ ❷ ⇒ ❶ ⇒ GO

■ 나 피곤해… 내일 가자 :

② 우리 완전 설렌다! :

❸ 그 남자 재미없어.

❹ 걔는 피곤한 녀석이야 :

❺ 나 심심해. 뭐 재미있는 거 하자 :

❻ 여행 엄청 신났었어 :

43

031강 Let's

'weight'

내 몸무게가 걱정돼

☺ **핵심표현**

- 살 빼다 : lose (some) weight
- 살 찌다 : gain (some) weight / put on some weight
- 다이어트를 (시작)하다 : go on a diet (•다이어트 중이다는? _____)

☺ **예문**

- 나 살 빼야 해 : I need to lose (some) weight.
- 나 다이어트 하기로 마음 먹었어 : I decided to go on a diet.
- 나 지금 다이어트 중이야 : I am on a diet.
- 나 다이어트 중이라서 닭 가슴살 먹어 : I am on a diet so I eat chicken breast.

⏱ **Let's practice ❸ ▸ ❷ ▸ ❶ ▸ GO**

1 살 빼는 거 힘들어 :

2 너 다이어트 중이야? :

3 나 살 빼고 싶어 :

4 저는 다이어트 할 필요 없습니다 :

5 너 살 쪘어? :

6 그 남자는 절대 살 안 쪄 :

44

입빵 1

'in the middle of'

나 한창 일하는 중이야

😊 **핵심표현**

- 한창 ~하고 있다 (~하는 중이야, ~의 가운데에 있다)

  be in the middle of + 명사 / 동사 ing

😊 **예문**

- 나 한창 회의 중이야 : I am in the middle of the meeting.
- 나 한창 일하는 중이야 : I am in the middle of working.
- 나 영화 중간에 나왔어 : I walked out in the middle of the movie.
- 한 밤중에 : in the middle of the night
- 한 겨울에 : in the middle of winter
- 한 여름에 : in the middle of summer

⏰ Let's practice ❸ ▶ ❷ ▶ ❶ ▶ GO

1 나 한창 저녁 먹고 있었어 :

2 우리 한창 게임중이야 :

3 그녀는 한여름에 스웨터를 입어요 :

4 나 수업중이라서, 나중에 전화할게 :

5 나 뭐 좀 하고 있어 :

6 그가 한밤중에 나한테 전화했어 :

'시간 전치사'

나 아침에 조깅 시작하려고

☺ 핵심표현

- 오전에 : in the morning / 오후에 : in the afternoon
- 저녁에 : in the evening
- 밤에 : at night (•at인 이유? _____)
- 이른 아침에 : early in the morning
- 아침 5시 : five in the morning

☺ 예문

- 저 일찍 일어났어요 : I woke up early in the morning.
- 아침 7시 : seven in the morning
- 저 아침 7시에 미팅 있습니다 : I have a meeting at seven in the morning.

☺ Let's practice ❸ ▸ ❷ ▸ ❶ ▸ GO

① 저는 아침 5시 30분에 일어났습니다 :

② 저는 저녁에 운동 합니다 :

③ 그녀는 아침 일찍 떠났습니다 :

④ 저는 12시에 점심 먹을거에요 :

⑤ 나 오후에 거기 갈거야 :

⑥ 저는 밤에 잠을 못 자요 :

'near vs. nearby'

오늘 집 근처 카페에서 케익을 사왔어

핵심표현

[장소]
- near + 장소 : ~의 근처에, 가까이

  그는 공원 근처에 살아요 : He lives near the park.

  집 근처 카페 : a café near my house
- nearby : 근처에, 주변에

  근처에 헬스장이 있습니다 : There is a gym nearby.

[시간]
- near + 시간 : ~의 가까운 시일에

  가까운 미래에, 머지 않아 : in the near future

Let's practice ❸ ▸ ❷ ▸ ❶ ▸ GO

1 제 친구는 근처에 살아요 :

2 제 사무실은 강남역이랑 가까워요 :

3 저 여기 근처 살아요 :

4 근처에 전철역 있어요 :

5 근처에 약국 없습니다 :

6 가까운 미래에 인상 될 것입니다 :

'even'

오늘은 눈까지 내렸어

😊 핵심표현

Even (심지어, 강조)

- (긍정) 주어 + even + 동사 원형 : 주어가 심지어 ~하다
- (부정) 주어 + don't even + 동사 원형 : 주어가 ~하지도 않다
- (부정) 주어 + can't even + 동사 원형 : 주어가 ~하지도 못하다

😊 예문

- 오늘은 눈까지 내렸어 : It even snowed today.
- 그는 심지어 울기까지 했어 : He even cried.
- 나 그 사람 이름도 몰라 : I don't even know her name.
- 나 걷지도 못해 : I can't even walk.

🕐 Let's practice ❸ ➡ ❷ ➡ ❶ ➡ GO

1 저 상상도 못 하겠어요 :

2 그들은 심지어 저를 도와주기도 했어요 :

3 저 심지어 밤에 잠도 못 자요 :

4 저 그녀를 좋아하지도 않았어요 :

5 Jay는 심지어 저한테 커피도 사줬어요 :

6 저 점심도 안 먹었어요 :

'offer'

그들은 강아지를 맡아줘

😊 핵심표현

- (서비스를) 제공하다 : 주어 + offer + 명사
- ~에게 ~을 제안하다 : 주어 + offer + 사람 + 명사
- (기꺼이) -을 해주겠다고 하다 : 주어 + offer + to 동사 원형
- 제안 / 제의

😊 예문

- 저희는 훌륭한 시설을 제공합니다 : We offer excellent facilities.
- 그가 나에게 일자리를 제안했다 : He offered me the job.
- 그가 나를 집에 태워다 줬어 : He offered to drive me home.
- 나 일자리 제안 들어왔어 : I got a job offer.

⏱ Let's practice ❸ ▸ ❷ ▸ ❶ ▸ GO

1 이게 제 마지막 제안입니다 :

2 그는 저를 도와주겠다고 했어요 :

3 아이들이 설거지를 하겠다고 했어요 :

4 그녀는 저의 제안을 받아들였습니다 :

5 그들은 심지어 할인도 해준대 :

6 그 호텔이 할인을 해 줄 수 있대요 :

'출산하다'

언니가 딸을 <u>낳았어</u>

☺ 핵심표현

출산하다
- have a baby
- give birth
- deliver a baby

☺ 예문

- 저 임신중 이에요 : I am pregnant. (=I am expecting a baby)
- 딸을 낳다 : give birth to a girl
- 아들을 낳다 : give birth to a boy

⏰ Let's practice ❸ ➠ ❷ ➠ ❶ ➠ GO

1 우리 언니는 어제 아들을 낳았어요 :

2 제 아내는 임신 중이에요 :

3 Lia는 작년에 쌍둥이 딸을 낳았어요 :

4 저 임신해서, 커피 마시면 안 돼요 :

5 그녀는 오늘 둘째 아들을 낳았습니다 :

6 제 친구는 막 애기를 낳았어요 :

'감기 표현'

어제 살짝 <u>열이 났어</u>

😊 핵심표현

- 감기에 걸리다 : have a cold (상태) / catch a cold (변화)
- 열이 (살짝) 나다 : have a (slight) fever
- 기침을 하다 : have a cough
- 콧물이 나다 : have a runny nose (•코가 막히다는? : _____)
- 목이 아프다 : have a sore throat

😊 예문

- 어제 살짝 열이 났어 : I had a slight fever yesterday.
- 감기 걸릴 것 같아 : I will probably catch a cold.
- 나 아직도 감기야 : I still have a cold.

🕐 Let's practice ❸ ▸ ❷ ▸ ❶ ▸ GO

① 나 코가 막혀서 냄새를 못 맡아 :

② 나 술 마시면 안돼. 목 아파 :

③ 너 밖에 나가면 안돼. 콧물 흘리잖아 :

④ 만약 열 나고, 기침 하면, 집에 계세요 :

⑤ 열 있고, 목 아프면 물 좀 마셔 :

⑥ 나 감기 걸릴 것 같아. 집에 가자 :

'a lot of'

여름에 손님이 엄청 <u>많아요</u>

☺ 핵심표현

많은 (셀 수 있는 / 없는)

- a lot of : 많은
- tons of : 엄청 많은
- plenty of : 많은, 풍부한

☺ 예문

- 전 친구가 많아요 : I have a lot of friends.
- 저 시간 많아요 : I have a lot of time.
- 저 물어보고 싶은 게 엄청 많아요 : I have tons of questions.
- 손님이 엄청 많아요 : We get tons of customers.
- 세상은 넓고 남자 / 여자는 많다 : There are plenty of fish in the sea.

⏱ Let's practice ❸ ⮕ ❷ ⮕ ❶ ⮕ GO

1 저 시간 많아요 :

2 저 할 일 진짜 많아요 :

3 신선한 야채를 많이 먹어라 :

4 명동에 사람이 엄청 많아요 :

5 저희는 기회가 많아요 :

6 먼저 가세요. 저 해야 할 일이 엄청 많아요 :

52

입빵 1

'especially'

특히 우리 엄마가 좋아하셔

핵심표현

> **Especially : 특히, 무엇보다**
> - 일반 동사 앞
> - 여러 개 중 하나 앞
> - be동사 뒤
> - 접속사 (when, before, after) 앞

예문

> - 저는 특히 사과를 좋아합니다 : I especially like apples.
> - 저는 특히 그게 마음에 들어요 : I am especially happy about it.
> - 저는 꽃 중 특히 장미를 좋아해요 : I like flowers, especially roses.
> - 이거 사용할 때 특히 조심해 : Be careful, especially when you use it.

Let's practice ❸ ⇥ ❷ ⇥ ❶ ⇥ GO

1 저는 음악, 특히 클래식을 좋아합니다 :

2 저는 특히 수트가 마음에 들어요 :

3 저는 특히 음악이 좋았어요 :

4 저는 고기 중에서 특히 닭고기를 좋아합니다 :

5 운전할 때 특히 조심해 :

6 저는 달콤한 것 중에 특히 초콜렛을 좋아해요 :

'dream'

선생님이 되는 게 내 꿈이었어

핵심표현

- 자면서 꿈 꾸다 : dream about
- 희망, 목표를 꿈 꾸다 : dream of
- 허황된 (비현실적인) 꿈 : a pipe dream
- 꿈 깨! : In your dreams!

예문

- 나는 어제 그녀의 꿈을 꿨다 : I dreamed about her last night.
- 저는 완벽한 결혼식을 꿈 꿔요 : I dream of a perfect wedding.
- 그건 그저 허황된 꿈이야 : That's just a pipe dream.

Let's practice ❸ ▸ ❷ ▸ ❶ ▸ GO

1 어제 아버지가 내 꿈에 나왔어 :

2 백만장자? 꿈 깨셔 :

3 저는 자면서 세계일주 하는 꿈을 꿔요 : (about + 동사가 올 때에는 동사 뒤에 ing를 넣어주세요)

4 미안한데, 그냥 허황된 꿈 인 것 같아 :

5 아직도 그가 내 꿈에 나와 :

6 저는 제 집을 가지고 있는 게 꿈이에요 :

'운영하다, 운행되다'

나 오래 전에 공방을 <u>운영했었어</u>

😊 핵심표현

Run

- (기업, 가게, 식당을) 운영하다
- (버스, 기차 등이 정기적으로) 운행되다
- (영화, 연극 등) 상영시간이 ~시간이다

😊 예문

- 그녀는 밴쿠버에서 한식당을 운영합니다 : She runs a Korean restaurant in Vancouver.
- 나는 공방을 운영했었어 : I ran a craft workshop.
- 이 버스는 배차간격이 30분이다 : This bus runs every 30 minutes.
- 그 영화는 상영시간이 2시간이다 : The movie runs two hours.

⏰ Let's practice ❸ ▸ ❷ ▸ ❶ ▸ GO

1 지하철은 20분마다 운행합니다 :

2 이 동네에 셔틀버스 안 다녀요 :

3 이 연극 공연 시간은 100분입니다 :

4 저희 가족은 사업을 합니다 :

5 그는 사업을 어떻게 운영하는지 몰라 :

6 저 언니랑 중식당을 운영합니다 :

'one of~'

내 친구들 중 한 명은 밴쿠버에서 왔어

핵심표현

- one of the + 복수명사 + 단수동사 : ~중의 하나는 ~이다
- one of the + 최상급 : 가장 ~한 것 중의 하나

예문

- 내 친구 중 한 명은 밴쿠버에서 왔어 : One of my friends is from Vancouver.
- 그는 키가 가장 큰 학생 중 한명이다 : He is one of the tallest students.
- 이 영화는 최고의 영화 중 하나이다 : This movie is one of the best movies.

Let's practice ❸ ▸ ❷ ▸ ❶ ▸ GO

1 그는 내 가장 친한 친구 중 한 명이야 :

2 난 네 친구들 중에 한 명 좋아해 :

3 9번은 가장 어려운 질문 중 하나다 :

4 최고 어플 중 하나는 일빵빵이다 :

5 너는 가장 웃긴 사람 중 한 명이야 :

6 서울은 가장 큰 도시들 중 하나이다 :

'cold'

요즘 날씨가 <u>엄청 추워</u>

☺ 핵심표현

- 쌀쌀한 : chilly
- 추운 : cold
- 엄청 추운 : freezing (•사람 주어 가능)
- 매섭게 추운 : freezing cold
- 닭살 돋다 : get goose bumps

☺ 예문

- 밖이 쌀쌀하다 : It's chilly outside.
- 요즘 날씨가 엄청 추워 : It's freezing these days.
- 나 추워 죽겠어 : I'm freezing to death.
- 나 소름 돋았어 : I got goose bumps.

⏰ Let's practice ❸ ➡ ❷ ➡ ❶ ➡ GO

1 한국은 겨울에 정말 추워 :

2 오늘 꽤 쌀쌀하네 : (pretty '꽤')

3 너무 무섭네요. 소름 끼쳐요 :

4 창문 닫아도 될까요? 여기 엄청 추워서요 :

5 저 소름 돋기 시작했어요 :

6 밖에 엄청 추우니까 너 옷 껴입어 : (bundle up '따뜻하게 옷을 껴입다, 꽁꽁 싸매다')

'after'

영화 다 보고 카페에 갔어

☺ 핵심표현

- after + 주어 + 동사

  영화를 다 보고 카페에 갔어 : After we watched the movie, we went to a café.

- after + 명사 (it's simpler!)

  영화 다 보고 카페에 갔어 : After the movie, we went to a café.

- After you : (양보) 먼저 하세요, 먼저 가세요

☺ 예문

- 수업 마치고 : after class / 운동 끝나고 : after workout
- 퇴근 후에 집에 갔어요 : After work, I went home.

☺ Let's practice ❸ ⇉ ❷ ⇉ ❶ ⇉ GO

① 저는 퇴근 후에, 친구를 만났습니다 :

② 이 수업 끝나고, 내가 전화할게 :

③ 이거 다하면, 집에 가자 :

④ 저 저녁 먹고, 숙제 할 거예요 :

⑤ 샤워하고 뭐 좀 먹자 :

⑥ 저는 항상 점심 먹고, 커피를 마십니다 :

'회사 표현'

나 오후에 출근해

☺ 핵심표현

- ~타고 출근하다 : go to work + by 교통수단
- 퇴근하다 : get off work, leave the office (•칼퇴는? _____)
- 야근하다 : work late, work overtime (•overwork는? _____)
- 월차 내다 : take a day off (•연차 내다는? _____)

☺ 예문

- 저는 버스 타고 출근합니다 : I go to work by bus.
- 저는 칼퇴 해요 : I get off work on time.
- 나 내일 연차야 : Tomorrow is my day off, I'm taking a day off.
- 저 3일 월차 냈어요 : I took three days off!

⏰Let's practice ❸ ▸ ❷ ▸ ❶ ▸ GO

▣ 나 회사 가기 싫어 :

▣ 나 내일 출근 안 해도 돼 :

▣ 저 5일 연차예요 :

▣ 나 칼퇴 못해. 야근 해야 돼 :

▣ 나 오늘 6시 땡하고 퇴근했어 :

▣ 나 사장님 퇴근하기 전까진 퇴근 못해 :

're-'

매주 화요일은 <u>재활용</u> 쓰레기 버리는 날이야

😀 핵심표현

- recycle = re (다시) + cycle (순환, 회전하다) : 재활용하다
- review = re (다시) + view (보다) : 재검토하다, 복습하다
- renew = re (다시) + new (새로운) : 갱신하다, 재개하다
- refresh = re (다시) + fresh (생생한) : 생기를 되찾다
- rewind = re (다시) + wind (감다) : 되감기 하다

😀 예문

- 매주 화요일은 재활용 쓰레기 버리는 날이야 : It's recycling day every Tuesday.
- 나 여권 갱신하려고 : I will renew my passport.
- 비디오를 되감기 하다 : rewind the video

⏱ Let's practice ❸ ▸ ❷ ▸ ❶ ▸ GO

1 챕터 3 복습해봅시다 :

2 기분 전환할 시간이 필요해 :

3 재활용하는 건 정말 중요해요 :

4 저 멤버쉽 갱신하고 싶어요 :

5 제가 이거 검토하고 연락 드릴 게요 :

6 나 운전면허증 갱신해야 돼 :

'I just wanted to'

꽃을 정말 사고 싶었어

😊 핵심표현

- 난 정말 ~이 하고 싶었어 : I really wanted to + 동사 원형
- 나 그냥 ~이 하고 싶었어 : I just wanted to + 동사 원형

😊 예문

- 나 거기 정말 가고 싶었어 : I really wanted to go there.
- 꽃을 정말 사고 싶었어 : I really wanted to buy some flowers.
- 나 그냥 이 말 하고 싶었어 : I just wanted to say this.
- 나 그냥 너한테 물어보고 싶었어 : I just wanted to ask you.

😊 Let's practice ❸ ▸ ❷ ▸ ❶ ▸ GO

1 그냥 고맙다고 하고 싶었어요 :

2 난 단지 사실을 알고 싶었어 :

3 그들이 그냥 너한테 묻고 싶었던 거야 :

4 나 정말 너랑 거기 가고 싶었는데 :

5 걔가 그냥 너 도와주고 싶어서 그런거야 :

6 저 중학생때 가수가 진짜 되고 싶었어요 :

'look vs. seem'

그녀의 남자친구는 <u>좋은 남자 같아</u>

😊 핵심표현

- look : 눈에 보이는 것이 ~처럼 보이다 (주로 외모) + 형용사
- seem : 인상, 인식, 느낌이 ~해 보이다 (주로 느낌) + 형용사
- seem like + 명사 , 문장

😊 예문

- 그녀는 착한 것 같아 : She seems kind.
- 그는 착한 사람 같아 : He seems like a good guy.
- 그가 뭔가를 숨기고 있는 것 같아 : It seems like he is hiding something.
- 그는 좋은 사람 같아 : He seems like a nice person (=He seems nice!)

🕐 Let's practice ❸ ➠ ❷ ➠ ❶ ➠ GO

1 그 남자 행복해 보이더라 :

2 그 남자를 잘 모르지만 괜찮은 사람 같더라 :

3 그녀랑 데이트 했는데 괜찮은 사람 같더라 :

4 네 남자친구 착한 것 같아 :

5 그녀가 바빠 보여서 못 물어봤어요 :

6 새로운 단어 같아 보이네요 :

'find vs. look for'

찬장에서 차 한 봉지를 <u>찾았어</u>

☺ **핵심표현**

- find : 찾다(결과)　　　　　나 핸드폰 찾았어! : I found my phone.
- look for : 찾다(과정)　　　지금 내 폰 찾는 중 : I'm looking for my phone.
- google : (인터넷에서) 검색하다　그거 인터넷에 검색해봐 : Google it.

☺ **예문**

- 너 그거 아직도 찾고 있어? 찾으면 말해줘 :

  Are you still looking for that? Tell me when you find it.
- 차 한 봉지를 찾았어 : I found a bag of tea.

🕐 **Let's practice ❸ ▸ ❷ ▸ ❶ ▸ GO**

① 나 내 가방 찾고 있어 :

② 그냥 인터넷으로 검색해봐 :

③ 너 노트북 찾았어? :

④ 찾으면 나한테 알려줘 :

⑤ 나 먹을 거 찾고 있어 :

⑥ 모르면 검색해봐 :

'sibling'

나 서울 사는 동생이 있어

ⓒ 핵심표현

- 형제자매 : sibling(s)
- 나보다 몇 살 어려 / 많아 : 나이 + younger / older than me
- 첫째 : the oldest, 둘째 : the second oldest, 막내 : the youngest
- 외동 : the / an only child (•저 외동입니다는? _____)

ⓒ 예문

- 나 서울에 사는 동생이 있어 : I have a younger sibling who lives in Seoul.
- 그는 저보다 3살 어려요 : He is 3 years younger than me.
- 제 언니는 저보다 5살 많아요 : My sister is 5 years older than me.

ⓒ Let's practice ❸ ▸ ❷ ▸ ❶ ▸ GO

1 저는 형제자매가 두 명 있어요 :

2 저희 언니는 저보다 4살이 많아요 :

3 형제 자매 있으세요? :

4 형제자매가 있는 것이 더 좋을까, 아니면 외동이 더 좋을까? :

5 저 막내예요. 누나가 두 명 있어요 :

6 저희 아버지가 어머니보다 2살 어리십니다 :

'what to do'

<u>어떻게 해야 할지</u> 모르겠어

핵심표현

wh-word (what, where, how, when) **+ to +** 동사 원형

- 무엇을 할 지 : what to do
- 무엇을 먹을지 : what to eat
- 무엇을 볼지 : what to watch
- 어디로 갈지 : where to go
- 문제를 어떻게 풀지 : how to solve the problem

예문

- 어떻게 해야 할지 모르겠어 : I don't know what to do.
- 난 어디 갈지 모르겠어 : I don't know where to go.

Let's practice ❸ ➤ ❷ ➤ ❶ ➤ GO

1 나 뭐 먹을지 모르겠어 :

2 그래서 내가 어떻게 해야 할지 모르겠어 :

3 그녀는 뭐 살 지 알아 :

4 엄마가 내일 어디 갈지 정할거야 :

5 나한테 이래라 저래라 하지마 :

6 이 남은 치킨 어떻게 처리할지 모르겠네 :

'go get'

우리 가서 돈 좀 찾아와야겠어

😊 핵심표현

- Go + 동사 원형 : 가서 ~하다

😊 예문

- 가서 커피 좀 가져와 : Go get some coffee.
- 내가 가서 커피 좀 가져 올게 : I will go get some coffee.
- 가서 걔한테 물어보자 : Let's go ask her.
- 우리 가서 돈 좀 찾아와야겠어 : We need to go get some money.

🕐 Let's practice ❸ ➡ ❷ ➡ ❶ ➡ GO

1 우리 가서 먹을 거 사자 :

2 가서 옷 갈아입고 와 :

3 너 가서 물 좀 갖고 올래? :

4 너 여기 있어. 내가 가서 물 가져올게 :

5 우리 가서 동물 보자 :

6 자기 전에 가서 샤워해 :

'hard'

오늘은 비가 정말 <u>거세게 왔어</u>

😊 핵심표현

Hard

- 형용사 힘든, 어려운, 단단한
- 부 사 열심히, 어렵게, 힘들게, 강하게, 세게
- 빈도부사 hardly : 거의 ~하지 않다

😊 예문

- 오늘은 비가 정말 세게 왔어 : It rained really hard today.
- 저는 커피 거의 안 마셔요 : I hardly drink coffee.
- 저는 책 거의 안 읽어요 : I hardly read a book.

⏰ Let's practice ❸ ▸ ❷ ▸ ❶ ▸ GO

1️⃣ 나 영어공부 열심히 할거야 :

2️⃣ 우리 열심히 일 해야 해 :

3️⃣ 오늘 아침에 눈 진짜 많이 왔어 :

4️⃣ 버튼 세게 누르지마 :

5️⃣ 공부 열심히 하면, 시험 합격 할 거야 :

6️⃣ 어제 하루 종일 비가 엄청 왔어 :

'productive'

나는 밤에 <u>일이 더 잘되는</u> 스타일이야

😊 **핵심표현**

Productive
- 생산적인, 능률적인, 건설적인
- 보람찬

😊 **예문**

- 밤에 일이 더 잘된다 : I'm more productive at night.
- 당신의 하루를 더 능률적으로 보내는 방법 : how to make your day more productive
- 오늘 하루 보람찼어 : I had a productive day.

🕐 **Let's practice ❸ ⇢ ❷ ⇢ ❶ ⇢ GO**

1 저는 아침에 일이 더 잘 되요 :

2 나 오늘 바빴지만, 보람찬 하루였어 :

3 나 오늘 보람찬 하루를 보냈어 :

4 너 시간 절약할 수 있고, 능률이 더 오를 거야 :

5 오늘 회의는 아주 얻을 게 많았어요 :

6 시간 낭비하지 말고, 뭔가 생산적인 것을 해 :

'experience'

저 잊을 수 없는 경험을 했어요

☺ 핵심표현

> **Experience**
>
> - 동사 경험하다, 겪다
> - 명사 지식이나 기능을 쌓는 경험, 실제로 겪은 경험
>
>   경력 : **work** experience, 기억할 만한 경험 : **memorable** experience
>
>   an experience : 셀 만한 사건이나 해프닝 (•경력에는 a 붙인다? ◯ ⓧ)

☺ 예문

> - 저는 잊을 수 없는 경험을 했어요 : I had a **memorable** experience.
> - 나 흥미로운 경험을 했어 : I had an **interesting** experience.
> - 저는 컴퓨터 경력이 있습니다 : I have experience with **computers**.
> - 내가 경험해봐서 아는데, 걔 믿지마 : Don't trust her. I'm speaking from experience.

⏱ Let's practice ❸ ▸▸ ❷ ▸▸ ❶ ▸▸ GO

1️⃣ 힘든 경험이었어 :

2️⃣ 그거 가능해. 내가 경험해 봐서 알아 :

3️⃣ 그는 업무 경력이 없습니다 :

4️⃣ 저는 어제 좀 이상한 경험을 했어요 :

5️⃣ 저는 포토샵 경력이 있습니다 :

6️⃣ 당신의 교직 경험은 플러스가 될 것입니다 :

'fit'

내 <u>손에 쏙 들어오는</u> 크기야

☺ 핵심표현

- fit : 사이즈가 ~에 꼭 맞다
- fit in : 환경에 적합하다, 적응하다
- fit in with : ~와 잘 어울리다

☺ 예문

- 내 손안에 딱 맞아 : It fits in my hand.
- 난 이 곳과 맞지 않아 : I don't fit in here.
- 저는 그 그룹과 어울리지 못합니다 : I can't fit in with the group.

⏰ Let's practice ❸ ▸ ❷ ▸ ❶ ▸ GO

1 Tom은 여기랑 잘 맞아 :

2 저는 어떤 그룹이랑도 안 맞아요 :

3 너 여기에 잘 맞을 것 같아 :

4 난 그저 어울리고 싶었어 :

5 이 검정색 지갑, 내 손에 딱 들어온다 :

6 Tom은 학교에 다른 아이들과 잘 어울리지 못해요 :

'have fun'

그들은 파티에서 <u>신나게 놀았어</u>

😊 핵심표현

- have fun : 즐거운 시간을 보내다, 재미있게 (신나게) 놀다
- have (so) much fun, have a lot of fun : 정말 신나게 놀다
- lose track of time : 시간 가는 줄 모르다 (●track의 뜻? _____)

😊 예문

- 그들은 파티에서 신나게 놀았어 : They had fun at the party.
- 그들은 정말 신나게 놀았어 : They had so much fun.
- 잘가, 재미있게 놀아! : Bye, have fun!
- 벌써, 9시야. 시간 가는 줄 몰랐어 : It's already 9. I lost track of time.

😊 Let's practice ❸ ⟫ ❷ ⟫ ❶ ⟫ GO

① 여러분, 즐거운 시간 보내고 있나요? :

② 우리 어젯밤에 진짜 재미있게 놀았어 :

③ 벌써 12시네, 시간 가는 줄 몰랐어 :

④ 나 가야겠다. 재미있게 보내 얘들아 :

⑤ 네 덕분에 완전 재미있었어 :

⑥ 여기에 있으면 시간 가는걸 잊기 십상이에요 :

'recently'

요즘 독감이 유행이야

😊 핵심표현

- recently : 가까운 과거에 일어난 하나의 단발성 사건

  나 최근에 취직했어 : I recently got a job.

- lately : 과거부터 현재까지 이어지는 지속적인 사건 (● 주로 have p.p)

  저 최근에 (요즘) 스트레스 받아요 : I have been stressed out lately.

- these days : 현재에 일어나고 있는 일이며, 앞으로도 일어날 일

  요즘은 이게 엄청 유명해 : It's really famous these days.

  요즘 독감이 유행이야 : It's flu season these days.

⏰ Let's practice ❸ ➡ ❷ ➡ ❶ ➡ GO

1️⃣ 요즘 계속 바빴어 :

2️⃣ 그녀는 최근에 애기를 낳았어요 :

3️⃣ 그들은 최근에 결혼했어 :

4️⃣ 저 요새는 많이 안 바빠요 :

5️⃣ 최근에 해외 여행 가는 사람들이 많아요 :

6️⃣ 저 요즘은 술 많이 안 마셔요 :

'I wish'

네가 여기에 있다면 좋을 텐데

😊 핵심표현

- I wish + 주어 + 과거 동사 : ~한다면 참 좋을텐데
  (현재에 대한 소망, 아쉬움을 표현)

😊 예문

- 노트북 하나 있으면 좋을 텐데 : I wish I had a laptop.
- 집에서 TV나 보고싶다 : I wish I could stay home and watch TV.
- 네가 여기에 있다면 좋을 텐데 : I wish you were here.

⏱ Let's practice ❸ ▸ ❷ ▸ ❶ ▸ GO

1 차가 있으면 좋을 텐데 :

2 나 수영 할 줄 알면 좋을 텐데 :

3 출근 안 해도 되면 참 좋겠다 :

4 나도 그럴 수 있으면 좋겠어 :

5 키가 더 크면 좋을 텐데 :

6 내가 너랑 같이 갈 수 있으면 좋을 텐데… 근데 바빠서 :

'don't like'

나 햄버거 별로 안 좋아해

😊 **핵심표현**

~을 별로 안 좋아한다

- I don't really like + 명사 (•I really don't like burgers의 뜻은? _____)
- I'm not a big fan of + 명사
- I'm not really crazy about + 명사

😊 **예문**

- 나 햄버거 별로 안 좋아해 : I don't really like burgers.
- 나 달콤한 것 별로 안 좋아해 : I don't really like sweets.
- 나 햄버거 별로 안 좋아해 : I'm not a big fan of burgers.
- 저는 K-pop 스타를 그렇게 좋아하진 않아요 : I'm not really crazy about K-pop stars.

⏱ **Let's practice ❸ ▸ ❷ ▸ ❶ ▸ GO** --

1️⃣ 저는 매운 음식 별로 안 좋아해요 :

2️⃣ 저는 여름 별로 안 좋아해요 :

3️⃣ 나는 이런 종류의 영화는 별로 안 좋아해 :

4️⃣ 나는 안 갈래. 야구 별로 안 좋아해서 :

5️⃣ 그녀는 베트남 음식을 별로 좋아하지 않아 :

6️⃣ 나쁘지는 않은데, 나 별로 좋아하지는 않아 :

'finish'

나 집 전체를 청소 다 했어

ⓒ 핵심표현

Finish

• I finish + 동사 ing

　나 내 방 청소 끝냈어 : I finished cleaning my room.

• I finish + 명사

　저 숙제 끝냈어요 : I finished my homework.

• ~을 다 먹다 (읽다, 보다)

ⓒ 예문

• 나 집 전체 청소 다 했어 : I finished cleaning the whole house.

• 이거 다 먹을 수 있겠어? : Can you finish this? (this : 음식)

• 저 이 책 다 읽었어요 : I finished this book.

ⓒ Let's practice ❸ ➡ ❷ ➡ ❶ ➡ GO

1 나 이 책 2권 다 읽었어 :

2 저희는 식사를 끝냈습니다 :

3 나 프로젝트 끝내야 해 :

4 마지막은 네가 먹어 :

5 얘들 다 먹을 때까지 기다리자 :

6 이거 다 못 먹겠어, 배가 너무 불러 :

'pick up'

남자친구가 나 <u>데리러 왔어</u>

☺ 핵심표현

> **Pick up**
> * 사람을 (차로) 태우러 가다, 태워주다, 데리러 가다
> * 물건을 찾으러 가다, (맡긴 것을) 찾으러 가다
> * (언어, 단어, 아이디어, 뉴스 등을) 주워듣다, 알게 되다
> * Pickup line : (이성을 유혹할 때 쓰는) 작업멘트

☺ 예문

> * 내가 너 데리러 갈게 : I will pick you up.
> * 남자친구가 나 데리러 왔어 : My boyfriend came to pick me up.
> * 나 세탁물 찾으러 갈거야 : I will pick up my laundry.
> * 나 영어 단어 좀 주워 들었어 : I picked up some English words.
> * 그거 진짜 진부한 작업 멘트야 : That's a corny pickup line.

⏱ Let's practice ❸ ▸ ❷ ▸ ❶ ▸ GO

1 엄마가 나 데리러 오실 거야 :

2 나 유용한 단어 몇 개 주워 들었지 :

3 집 가는 길에 코트 찾으려고 :

4 그런 작업 멘트 쓰지마 :

5 내가 너 수업 마치고 데리러 갈게 :

6 백화점에 신발 찾으러 갈 거야 :

'per'

일주일에 적어도 책 한 권씩은 읽어

핵심표현

- per + 명사 : 명사 하나당, 하나에, ~마다
  분당 : per minute / 시간당 : per hour
  하루당 : per day / 품목당 : per item

예문

- 1분당 100원 : 100 won per minute
- 1인 1메뉴 (주문) 해주세요 : Order at least one meal per person.
- (나는) 일주일에 적어도 책 한 권씩은 읽어 : I read at least one book per week.

Let's practice ❸ ▶ ❷ ▶ ❶ ▶ GO

1 인 당 10,000원입니다 :

2 하룻밤에 200불 입니다 :

3 저희는 인 당 담요 하나씩 제공합니다 :

4 나는 일주일에 적어도 3번 헬스 해 :

5 하루에 7천원입니다 :

6 꽤 비싸네. 인 당 5만원이래 :

'option'

그건 선택 가능한 사항이 아니야

핵심표현

- opt : 고르다, 선택하다
- option : 선택 가능한 사항, 선택권
- It's not an option : 선택지에 들어가 있지 않아 (~은 말도 안돼)

  (게임에) 지는 건 말도 안돼 : **Losing is** not an option.
- optional : 선택적인, 임의의

예문

- 어떤 과목들은 선택 가능합니다 : **Certain courses are** optional.
- 그 과목은 무조건 들어야 하는 과목입니다 : **That course is** not optional.

Let's practice ❸ ▸ ❷ ▸ ❶ ▸ GO

1 어떤 것들은 선택 가능합니다 :

2 저는 두 번째 선택사항이 더 좋아요 :

3 시험에 불합격 하는 건 말도 안돼 :

4 시간 낭비는 말도 안돼 :

5 거절은 안 돼요 :

6 새 집을 사는 건 말도 안돼 :

'patient'

넌 항상 <u>인내심을</u> 가져야 해

핵심표현

- 인내심 있는 : patient (•명사 뜻은? _____)
- 참을성이 없는, 성격이 급한 : impatient
- 다혈질인 : short-tempered, hot-tempered (•temper의 뜻은? _____)
- 다혈질인 사람 : a hothead

예문

- 넌 정말 성격이 급해 : You are so impatient.
- 넌 항상 인내심을 가져야 해 : You have to be patient every time.
- 우리 엄마는 다혈질이다 : My mom is short (hot)-tempered / My mom is a hothead.

Let's practice ❸ ▶ ❷ ▶ ❶ ▶ GO

1 저 약간 성격이 좀 급해요 :

2 그는 인내심도 강하고 관대해 :

3 다혈질인 사람 조심해 :

4 그녀는 참을성을 길러야 해 :

5 걔는 참을성이 좀 없어. 그래서 내가 걔를 안 좋아해 :

6 그녀는 어린 아이들에게 참을성 있게 대해 :

067강 Let's
입뺑1 기초 UP

'미래 시제'

이 프로그램을 두 번 다시 보는 <u>일은 없을 거야</u>

☺ 핵심표현

> **미래 시제**
>
> • will + 동사 원형 : 화자가 말할 때 즉석에서 결정
> • be going to + 동사 원형 : 미리 정해놓은 계획
> • be + 동사ing : 미리 정해놓은 계획, 가장 확실한 계획성 •미래시간부사와 함께!

☺ 예문

> • 나 지금 영어 공부 중이야 : I'm studying English.
> • 나 수업 후 영어 공부 하려고 : I'm studying English after class.
> • 이 프로그램을 두 번 다시 보는 일은 없을 거야 : I'm never watching that TV show again.

⏱ Let's practice ❸ ▸ ❷ ▸ ❶ ▸ GO

☐ 그거 무거워 보이는데, 제가 도와드릴게요 : (말할 때 정한 계획이기 때문에 will을 사용해요)

☐ 나 수업 마치고 헬스장 갈 거야 :

☐ 그냥 이거나 입어야겠다 :

☐ 나 5시에 친구 만나기로 했어 :

☐ 나 저녁으로 피자 먹을 거야 :

☐ 걔한테 다시는 말 하는 일은 없을 거야! :

'come out'

오늘 중간고사 <u>결과가 나왔어</u>

😊 핵심표현

Come out (~이 밖으로 나오다)

- (결과, 정보가) 나오다, 알려지다

- (작품, 책이) 출판되다, (상품, 앨범이) 출시되다, (영화가) 개봉되다

- (옷, 카펫 등의) 얼룩이 빠지다, 없어지다 (•얼룩은 영어로?_____)

😊 예문

- 중간고사 결과가 나왔어 : My midterm exam result came out.

- 그 폰 내일 출시될 거야 : The phone is coming out tomorrow.

- 치마에 커피를 쏟았는데, 얼룩이 안 지워져 :

  I spilled coffee on my skirt but it didn't come out.

🕐 Let's practice ❸ ➠ ❷ ➠ ❶ ➠ GO

1 그녀의 새 앨범이 막 나왔어요 :

2 그 결과 어제 나왔어요 :

3 그 영화 이번 여름에 개봉해 :

4 스웨터 뜨거운 물로 씻어내면 얼룩이 지워질 거야 :

5 내 기말고사 결과가 내일 나오는데 너무 떨려 :

6 커피 자국은 잘 안 지워져 :

069강 Let's

'and I'

나랑 남자친구는 술 마시는 것을 좋아해

😊 **핵심표현**

- 주어 자리에 2명 이상의 사람이 올 때 순서 : 상대방 and 본인 자신 (You and I)
- and I 발음 : / 애나이 /

😊 **예문**

- 저희 가족이랑 저는 강아지를 좋아해요 : My family and I love dogs.
- 나랑 남자친구는 술 마시는 것을 좋아해 : My boyfriend and I enjoy drinking.

⏱️ **Let's practice ❸ ▸ ❷ ▸ ❶ ▸ GO** ·······

1️⃣ 나랑 Julie는 절친이야 :

2️⃣ 나랑 우리 가족은 중국음식을 정말 좋아해 :

3️⃣ 저랑 그는 같이 일해요 :

4️⃣ 저랑 남자친구는 작년5월에 거기 갔어요 :

5️⃣ 저와 직장동료들은 크리스마스에 선물을 주고 받아요 :

6️⃣ 저랑 가족이랑 며칠 전에 스키 타러 갔었어요 :

'alone'

저는 주로 혼술 해요

😊 **핵심표현**

- ~을 혼자 하다 : 동사 + alone

  혼밥하다 : eat alone, 혼술하다 : drink alone (•혼공하다는? _____)
- 외로움을 느끼는 : lonely
- 스스로, 알아서, 도움 없이 : on one's own

😊 **예문**

- 저는 주로 혼술해요 : I usually drink alone.
- 너 지금 혼자 있어? : Are you alone now?
- 너 외로워? : Are you lonely?
- 나 스스로 했어 : I did it on my own.

🕐 **Let's practice ❸ ⊷ ❷ ⊷ ❶ ⊷ GO**

1 저는 보통 혼자 점심 먹어요 :

2 너 외로우면, 우리 집에 놀러와 :

3 저는 모든 걸 스스로 해야만 했어요 :

4 나 혼자 있고 싶어 :

5 나 혼자 사는데, 가끔 외로워 :

6 내가 널 도와줄 순 없어. 너 스스로 해야 해 :

'우연히 마주치다'

며칠 전에 그를 <u>우연히</u> 만났어

😊 핵심표현

- run into : (사람) ~를 우연히 만나다, (문제) 난관에 부딪히다
- bump into : (사람) ~와 부딪히다, 우연히 마주치다
- come across : (사람, 사물)을 생각지도 못하게 만나다, 발견하다
- 이런 우연이! : What a coincidence!

😊 예문

- 나 어제 Amy 우연히 마주쳤어 : I ran into Amy yesterday.
- 그는 심각한 문제에 부딪혔다 : He ran into a serious problem.
- 며칠 전에 그를 우연히 만났어 : I ran into him a few days ago.
- 예전 편지를 우연히 발견했어 : I came across some old letters.

🕐 Let's practice ❸ ▸ ❷ ▸ ❶ ▸ GO

☑ 나 쇼핑몰에서 전 여자친구 우연히 마주 쳤어 :

☑ 그는 회사에서 난관에 부딪혔어요 :

☑ 나 오늘 누구 만났게! Amy를 우연히 봤어 :

☑ 나는 가끔 버스정류장에서 Jenny를 우연히 봐 :

☑ 우리는 우연히 서울에서 다시 만났어 :

☑ 나 여기 오는 길에 사촌을 우연히 만났어 :

'go ~ing'

매년 겨울에는 친척들과 <u>스키를 타러 가</u>

핵심표현

레져, 취미활동을 하러 가다 : go + 동사 ing

• 스키 타러가다 : go skiing
• 쇼핑 가다 : go shopping
• 하이킹 가다 : go hiking
• 캠핑 가다 : go camping
• 수영하러가다 : go swimming
• 클럽가다 : go clubbing
• 관광가다 : go sightseeing

예문

• 매년 겨울에는 친척들과 스키를 타러 가 : Every winter, I go skiing with my relatives.
• 스키 타러 갔다 : went skiing
• 스노우보드 타러 갔다 : went snowboarding

Let's practice ❸ ▸ ❷ ▸ ❶ ▸ GO

1 우리 아이쇼핑 가자 :

2 수업 마치고 볼링 치러 가자 :

3 나 오늘 아침에 조깅 갔다 왔어 :

4 나 내일 아버지랑 낚시 가려고 :

5 내 친구랑 스케이트보드 타곤 했었지 :

6 우리 어제 클럽 갔는데, 완전 취했어 :

'시간전치사 in, on, at'

우리 비행기는 공항에 <u>자정에</u> 도착해

핵심표현

- in : (큰 시간 개념) - 년도, 계절, 월
- on : (달력이 보여주는 시간) - 요일, 날짜, 공휴일, 기념일
- at : (시계가 보여주는 시간) - 시간
- ~시쯤 : at around (=about) + 시간, 시간ish (•불그스름한은?_____)

예문

- 12월에 : in December
- 7월 8일에 : on July 8th
- 월요일에 : on Monday
- 자정에 : at midnight
- 우리 비행기는 자정에 도착해 : Our plane arrives at midnight.
- 7시쯤 만나자 : Let's meet at 7ish.

Let's practice ❸ ⟶ ❷ ⟶ ❶ ⟶ GO

1 저는 11시쯤에 자요 :

2 너 점심시간에 시간 돼? : (lunchtime은 시계에 나와있는 숫자는 아니지만, 시간을 나타내요)

3 저는 주로 12시에 점심을 먹어요 :

4 월요일에 보자! :

5 저는 1995년에 태어났어요 :

6 우리 캠핑 갈 거야. 9시쯤에 떠날 거야 :

'late'

나 밤 <u>늦게</u> 집에 와

😊 핵심표현

- 밤 늦게, 늦은 밤에 : late at night
- 밤 늦게까지 : until late at night
- 아침 일찍 : early in the morning

😊 예문

- 밤 늦은 시간이었어 : It was late at night.
- 난 밤 늦게 집에 와 : I come home late at night.
- 그는 밤 늦게까지 공부합니다 : He studies until late at night.
- 어제 밤 늦게까지 일했어 : I worked until late at night yesterday.
- 그는 꼭두새벽부터 일어났어 : He woke up early in the morning.

⏱ Let's practice ❸ ➟ ❷ ➟ ❶ ➟ GO

1 나 아침 일찍 출근 했어 :

2 밤 늦게까지 TV 보지마 :

3 밤 늦게 뭐 먹지 마세요 :

4 아침 일찍 전화해서 죄송합니다 :

5 도서관은 심야에도 개방합니다 :

6 하루가 정말 길었어. 아침 일찍 일어났거든 :

075강 Let's
입뺑1 기초 UP

'buy'

내가 커피 <u>살게</u>

😊 핵심표현

- (~에게) ~을 사주다 : buy + (someone) + 사는 것

😊 예문

- 내가 저녁 살게 : I will buy you dinner.
- 내가 점심 살게 : I will buy you lunch.
- 내가 커피 살게 : I will buy you coffee.
- 제가 술 한 잔 살게요 :

  Let me buy you a drink / I will buy you a drink / Can I buy you a drink?
- 나 커피 (점심) 사줘 : Buy me coffee (lunch).

⏰ Let's practice ❸ ▸ ❷ ▸ ❶ ▸ GO

① 나 초콜릿 좀 사다 줄 수 있어? :

② 내가 마실 거 사줄게 :

③ 이거 봐. 내 남자친구가 이 가방 사줬어 :

④ 내가 집 가는 길에 아이스크림 사다 줄게 :

⑤ 네가 나 도와주면 내가 맛있는 저녁 사줄게 :

⑥ 엄마가 생일선물로 노트북을 사주셨어 :

'~동안'

방학 때는 보통 여행 다녀

🙂 핵심표현

- for : ~동안 (그 기간 내내, 연속적, 주로 숫자와 사용)

  1시간 동안 : for an hour, 3주 동안 : for three weeks
- during : ~동안 (연속성 없음, 명사와 사용)

  회의 하는 동안 : during the meeting, 수업 동안 : during the class
- while : ~동안에 (2가지 이벤트가 동시에 일어남, 문장과 사용)

🙂 예문

- 저는 8시간 (동안) 잤어요 : I slept for eight hours.
- 나 수업 시간에 졸았어 : I dozed off during the class.
- 내가 캐나다에 있는 동안에 : while I was in Canada

🕐 Let's practice ❸ ➡ ❷ ➡ ❶ ➡ GO

1 나 오늘 3시간 동안 영어 공부했어 :

2 네가 샤워하고 있는 동안에 걔가 전화왔어 :

3 나는 겨울방학동안 삼촌네 집에 갔어 :

4 나 여름방학동안 영어 공부 열심히 했어 :

5 저는 거기서 5년정도 살았어요 :

6 저는 캐나다에 있는 동안에 밴쿠버에 갔어요 :

'promise'

그가 다음 번에 나 도와주기로 <u>약속 했어</u>

☺ 핵심표현

- promise + someone + to [동사 원형] : ~에게 ~하기로 약속하다
- plans : 사적인 약속
- appointment : 공적인 약속, 서비스를 받기 위한 약속

  진료 예약 : doctor's appointment (•고객과 약속은? _____)

☺ 예문

- 그는 금연하기로 나와 약속했다 : He promised me to quit smoking.
- 그가 다음번에 나 도와주기로 약속 했어 : He promised to help me next time.
- 나 친구들이랑 약속이 있어 : I have plans with friends.

☺ Let's practice ❸ ➼ ❷ ➼ ❶ ➼ GO

1 그가 오늘 밤에 나한테 전화하겠다고 약속했어 :

2 나 오늘 치과 예약이 있어 :

3 그가 저녁 사준다고 나랑 약속했어 :

4 오늘 밤에 나 가족이랑 약속 있어 :

5 닥터 김과 예약을 잡고 싶어요 :

6 미안, 나 이번 주말에 친구들이랑 약속 있어 :

'I have no idea'

그녀에게 뭘 줘야 할지 <u>모르겠어</u>

☺ 핵심표현

- 나는 모르겠어 : I have no idea.
- 나는 ~을 모르겠어 : I have no idea + wh-word + 주어 + 동사
- 나는 ~해야하는 것을 모르겠어 : I have no idea + wh-word + to 동사 원형

  (what to buy, where to go, how to solve, what to eat)

☺ 예문

- 네가 왜 여기 있는지 모르겠어 : I have no idea why you are here.
- 네가 무슨 말 하는지 모르겠어 : I have no idea what you mean.
- 나는 어떻게 해결할지 모르겠어 : I have no idea how to solve.
- 그녀에게 뭘 줘야할지 모르겠어 : I have no idea what to get her.

☺ Let's practice ❸ ▸ ❷ ▸ ❶ ▸ GO

1 나 내일 어디 갈 지 모르겠어 :

2 무슨 말 할지 모르겠어 :

3 내가 지금 뭘 하고 있는지 모르겠어 :

4 그녀에게 생일 선물로 뭘 줘야할 지 모르겠어 :

5 점심으로 뭘 먹을 지 모르겠어 :

6 내 폰을 어디에 뒀는지 모르겠어 :

'식사 표현'

나는 <u>외식을</u> 거의 안 해

핵심표현

- 외식하다 : eat out, dine out, go out for (•eat outside의 뜻은?_____)
- 집에서 먹다 : eat in, eat at home
- 배달 시키다 : have / get **something** delivered
- 간단하게 먹다 : grab something to eat, grab a bite

예문

- 점심 먹으러 나가자 : Let's go out for lunch.
- Mike는 저녁 먹으러 나갔어요 : Mike went out for dinner.
- 난 외식 거의 안 해 : I almost never eat out.
- 나 피자 배달 시켰어 : I had **pizza** delivered.

Let's practice ❸ ▶ ❷ ▶ ❶ ▶ GO

☐ 오늘 외식하자 :

☐ 오늘 치킨 시켜 먹자 :

☐ 저는 저희 가족이랑 일요일마다 외식해요 :

☐ 그냥 오늘은 집에서 먹자 :

☐ 나 배가 좀 고픈데, 간단하게 뭐 좀 먹자 :

☐ 나는 서울에 있을 때, 항상 외식하곤 했었어 :

'shower'

나는 자기 전에 항상 따뜻한 물로 <u>샤워해</u>

😊 핵심표현

- 샤워하다 : take a shower, shower
- 동사 + in the shower : 샤워 중에 ~을 하다
- 목욕하다 : take a bath
- 소나기, 소나기 오다 : shower (●소나기 왔어? _____)

😊 예문

- 나 샤워하고 싶어 : I want to take a shower (=shower).
- 나는 자기 전에 항상 따뜻한 물로 샤워해 :
  I always shower with warm water before going to bed.
- 저는 샤워 중에 노래를 불러요 : I sing in the shower.
- 뜨거운 물에 목욕 해야겠다 : I need to take a hot bath.

😊 Let's practice ❸ ➠ ❷ ➠ ❶ ➠ GO

1 너 샤워해야겠다 :

2 오늘 오전에 소나기 왔어 :

3 저는 매일 아침에 샤워해요 :

4 소나기 올 거 같아 :

5 저는 목욕하는 거 정말 좋아해요 :

6 저는 스트레스 받을 때, 샤워할 때 노래 불러요 :

'나이 표현'

저 다음달에 서른 살 돼요

🕐 핵심표현

- 나이를 말할 때 : I'm으로 시작
- turn : 돌리다, ~이 되다 (become)
- 저 25살 돼요 : I'm turning 25.
- 20 / 30 / 40 + something : 스물 / 서른 / 마흔 몇 살
- 20대 초반 / 중반 / 후반 : in one's early / mid / late twenties

🕐 예문

- 저 다음달에 30살 돼요 : I'm turning 30 next month.
- 우리 선생님은 스물 몇 살이야 : My teacher is twenty something.
- 저는 20대 중반입니다 : I'm in my mid-twenties.

🕐 Let's practice ❸ ▸ ❷ ▸ ❶ ▸ GO

1 저는 30대 초반입니다 :

2 확실하진 않지만, 그는 마흔 몇 살이야 :

3 내 여동생은 막 스무 살 됐어 :

4 저는 다음 달에 마흔 다섯이 돼요 :

5 Julie는 30대 후반일 거야 :

6 저희 언니는 40대 중반이에요. 저보다 나이가 훨씬 많아요 :

'I'm glad'

너와 함께라서 기뻐

핵심표현

- I'm glad to + 동사 원형 : (내가) ~해서 기쁘다, 다행이다
- I'm glad (that) + 주어 + 동사 : 주어가 동사 해서 기쁘다
- I'm sorry to : ~해서 유감이다, 슬프다, 안타깝다, 애석하다

예문

- (내가) 너를 만나서 기쁘다 : I'm glad to see you.
- 네가 여친이랑 헤어지지 않아서 다행이야 :

  I'm glad (that) you didn't break up with your girlfriend.
- 너와 함께라서 기뻐 : I'm glad to be with you.
- 그 말 들으니 유감이야 : I'm sorry to hear that.

Let's practice ❸ ▸ ❷ ▸ ❶ ▸ GO

1 너를 도와줘서 내가 기뻐 :

2 네 컨디션이 안 좋다니 안타깝다 :

3 마음에 드신다니 기쁘네요 :

4 네가 그렇게 느낀다니 유감이야 :

5 일이 안 풀려서 안타깝네요 : (Work out은 주로 '운동하다'로 많이 쓰이지만, '해결하다'라는 뜻도 있어요)

6 그녀가 비행기를 놓치지 않아서 다행이에요 :

'throw up'

나 <u>토할 것 같아</u>

☺ 핵심표현

- throw up

  나 토할 것 같아 : I feel like throwing up.

- vomit

- puke (*informal)

- puke < throw up < vomit (•overeat의 뜻은? _____)

- 차멀미, 뱃멀미가 나다 : get carsick, get seasick

- 속이 메스껍다 : feel nauseous

⏱ Let's practice ❸ ➠ ❷ ➠ ❶ ➠ GO

☐ 나 어젯밤에 토했어 :

☐ Mike가 담요에 토했어 :

☐ 차멀미 할 때마다 나는 토해 :

☐ 오늘 아침에 속이 매스꺼워서 토했어 :

☐ 나 완전 취해서 토했어 :

☐ 내 차에서 토하지마 :

'연애 표현'

나 여자친구랑 헤어졌어

☺ 핵심표현

- ~에게 고백하다 : ask (someone) out (*confess의 뜻은? _____)
- ~와 사귀다 : go out (=date) with someone
- ~와 헤어지다 : break up with someone
- ~를 차다 : dump someone
- ~를 잊고 다른 사람을 만나다, 새 출발하다 : move on

☺ 예문

- Tom이 나에게 고백했어 : Tom asked me out.
- 내가 먼저 헤어지자고 했어 : I broke up with him.
- 걔가 나 찼어 : He dumped me / I got dumped.
- 너 걔 잊고 새로운 사람 만나 : You should move on.

⏰ Let's practice ❸ ▸ ❷ ▸ ❶ ▸ GO

1 나 걔랑 헤어지고 싶어 :

2 내 제일 친한 친구 중 한 명이 나한테 고백 했어 :

3 걔 진짜 나쁜 남자야. 걔 잊고 새로운 사람 만나 :

4 우리 헤어지는 게 좋겠어 :

5 나 차였어. 이유를 모르겠어 :

6 나 그녀랑 사귀고 싶은지 모르겠어 :

97

085강 Let's

입빵1 기초 UP

'late'

난 회사에 지각하곤 했어

🙂 핵심표현

- ~에 늦다 : be late for + 목적지

  회사에 늦다 : **be late for work** / 수업에 늦다 : **be late for class**
- (시간이) 얼마나 늦다 : be + 시간 + late

  30분 늦다 : **be 30 minutes late** / 1시간 늦다 : **be an hour late**
- ~에 얼마나 늦다 : be + 시간 + late for + 목적지
- late : 늦은, 늦게 (●lately의 뜻? _____)

🙂 예문

- 난 회사에 지각하곤 했었지 : I used to be late for **work.**
- 나 수업에 10분 늦었어 : I was 10 minutes late for **class.**

🕐 Let's practice ❸ ▸ ❷ ▸ ❶ ▸ GO

1 나 면접에 늦었어 :

2 얘 거의 1시간 늦네 :

3 나 학교에 늦겠다 :

4 나 저녁식사에 1시간 늦었어. 엄청 미안 했어 :

5 나 오늘 아침에 수업에 늦었어 :

6 나 회사 30분 정도 늦겠다 :

98   입빵 1

'병원 표현'

나 감기 걸려서 내일 병원 갈거야

☺ 핵심표현

- go to the hospital : 심각한 병, 응급상황, 수술로 병원에 가다
- see a doctor : 가벼운 질병 (감기, 배탈)로 병원에 가다
  = go to a doctor's office (의원, 동네 병원)
- 진료 예약 : appointment

☺ 예문

- 나 감기 걸려서 내일 병원 갈거야 :
  I have a cold. So I'm going to see a doctor tomorrow.
- 나 병원 예약 (진료) 잡혀있어 : I have a doctor's appointment.
- 나 치과 예약 (진료) 잡혀있어 : I have a dentist's appointment.

⏱ Let's practice ❸ ↠ ❷ ↠ ❶ ↠ GO

1 너 병원 가봐 :

2 나 콧물이 나. 병원 가봐야겠어 :

3 그녀는 병원에서 수술을 받았어요 :

4 너 오늘 병원 갔다왔어? :

5 나 이미 오전에 치과 갔다 왔어 :

6 나 가봐야겠어. 나 오후에 병원 예약 해놔서 :

087강 Let's
입빵1 기초 UP

'up'

너 일찍 <u>일어났네</u>

😊 핵심표현

- up : 일어난, 잠에서 깨어있는
- wake up : (잠에서 깨어) 눈을 뜨고 정신을 차리다
- get up : 누워있는 상태에서 일어나서 침대에서 나오다
- stay up all night : 밤을 새다 (• ~하느라 밤 새다는? _____)
- stay up late : 늦게까지 자지 않고 있다

😊 예문

- 너 일찍 일어났네 : You are up early.
- 나 어제 밤 샜어 : I stayed up all night yesterday.
- 너무 늦게까지 있지마 : Don't stay up too late.
- 공부하느라 밤을 새다 : stay up all night studying

😊 Let's practice ❸ ▶ ❷ ▶ ❶ ▶ GO ·······························

1 엄마, 저 일어났어요 :

2 나 어제 밤 새서 완전 피곤해 :

3 나 친구랑 통화하느라 늦게 잤어 :

4 일어날 시간이야 :

5 나 프로젝트 하느라고 밤을 샜어 :

6 아침 일찍 일어나는 건 힘들어요 :

100

입빵 1

'work out'

나 매일 <u>헬스해</u>

핵심표현

- exercise : 가벼운 운동, 스트레칭, 산책, 체조 (몸을 움직이는 활동)
- work out : 주로 헬스장에서 여러 운동의 세트 (헬스 하다)
  (•work out의 다른 뜻은? _____)
- do cardio : 유산소 운동을 하다
- treadmill : 러닝머신 (•러닝 머신을 뛰다는? _____)

예문

- 나 헬스장에서 운동했어 : I worked out at the gym.
- 나 간단하게 체조했어 : I exercised.(=I did exercise)
- 전 유산소 운동을 30분 정도 해요 : I do cardio for around 30 minutes.

Let's practice ❸ ⟶ ❷ ⟶ ❶ ⟶ GO

1 거의 매일 헬스해요 :

2 저는 유산소 운동을 먼저 해요 :

3 저는 주로 저녁에 헬스를 해요 :

4 나 1시간 동안 러닝머신 뛰었어 :

5 조깅은 참 좋은 운동인 것 같아 :

6 헬스 하기 전에 너무 많이 먹지마 :

'All I did was'

지난 크리스마스에는 집에만 있었어

핵심표현

- 내가 한 것이라곤 ~뿐이다, ~밖에 없다 : All I did was + 동사 원형
- 당신이 해야하는 것은 ~뿐이다 : All you have to do is + 동사 원형

예문

- 난 질문한 것 밖에 없다 : All I did was **ask questions.**
- 난 지난 크리스마스에 집에만 있었어 : All I did was **stay at home last Christmas.**
- 당신은 질문만 하면 돼요 : All you have to do is **ask questions.**

Let's practice ❸ ⟶ ❷ ⟶ ❶ ⟶ GO

1 너는 그에게 전화만 하면 돼 :

2 우리가 수업시간에 한 거라곤 필기 밖에 없어 :

3 너는 영어 공부만 열심히 하면 돼 :

4 내가 한 거라곤 쓰레기 갖다 버린거 밖에 없어 :

5 나는 7시까지 프로젝트만 끝내면 돼 :

6 내가 도착하기 전에 너는 설거지만 하면 돼 :

'than I expected'

예상보다 사람들이 훨씬 많았어

😊 핵심표현

- 예상(기대)했던 것 보다 더 ~하다 : It's + 비교급 + than I expected
- 훨씬 더 ~하다 : It's + a lot, way, much + 비교급
- 생각했던 것 보다 더 ~하다 : It's + 비교급 + than I thought

😊 예문

- 예상보다 괜찮아 : It is better (good의 비교급) than I expected.
- 예상보다 훨씬 괜찮아 : It's much better than I expected.
- 예상보다 사람들이 훨씬 많았어 : There were a lot more people than I expected.
- 생각보다 훨씬 비싸네 : It's a lot more expensive than I thought.

⏱ Let's practice ❸ ▸ ❷ ▸ ❶ ▸ GO

🔳 예상보다 훨씬 크네요 :

🔳 그는 생각보다 나이가 있네 :

🔳 나 할 수 있을 것 같아. 생각보다 쉬워 :

🔳 예상보다 훨씬 오래 걸릴 듯 :

🔳 예상한 것 보다 많이 달라 :

🔳 생각보다 훨씬 아프네 :

'배고프다'

배고파 죽겠어

핵심표현

- I'm starving : 배고파 죽겠어 (•starve : 굶주리다)
- I could eat a horse : 배고파서 뭐든 먹을 수 있어 (•유래 확인!)
- hangry : 배고파서 화나다, 허기져서 짜증나다 (hungry + angry)
- I'm craving : ~이 땡기다 (먹고 싶다)

예문

- 배고파 죽겠어. 뭐 좀 먹자 : I'm starving. **Let's have something to eat.**
- 나 뭔가 달달한 것이 땡겨 : I'm craving **something sweet.**

Let's practice ❸ ▶ ❷ ▶ ❶ ▶ GO

① 나 매운 게 땡겨 :

② 나 배고파 죽겠어. 너 언제 와? :

③ 나 배고파서 예민해. 간단하게 뭐 좀 먹자 :

④ 너 진짜 배고프겠다 :

⑤ 너 오늘 뭐가 땡겨? :

⑥ 나 점심 안 먹었어. 배고파서 뭐든 먹을 수 있어 :

'resolution'

<u>새해부터는</u> 일기를 쓰기로 했어

핵심표현

- 새해다짐 : New Year's resolution (•resolution의 뜻은? _____)
- 미루다 : procrastinate (•미루지 말기는? _____)
- 몸매를 유지하다, 관리하다 : get in shape
- 일기 쓰다 : write a diary (=journal)
- 사랑하는 사람 : significant other (•사랑하는 사람 찾기는? _____)
- 습관을 지키다, 고수하다 : stick to the good habits

예문

- 너의 새해다짐은 뭐야? : What's your New Year's resolution?
- 내 새해다짐은 일기 쓰는 것이야 : My New Year's resolution is to write a diary.

Let's practice ❸ ➤ ❷ ➤ ❶ ➤ GO

1️⃣ 나 몸매 만들어야겠어 :

2️⃣ 나는 미루지 않으려고 해요 :

3️⃣ 저는 거의 매일 일기 써요 :

4️⃣ 배우자나 연인을 데려오세요 :

5️⃣ 이번 해 너의 새해 다짐은 뭐야? :

6️⃣ 나는 새해부터는 좋은 습관을 지킬거야 :

'얼마나 ~한 지'

너는 밖이 <u>얼마나 추운지</u> 상상도 못 할거야

😊 핵심표현

- 얼마나 ~한지 : how + [형용사] + [주어] + [동사]

  얼마나 중요한지 : how important it is

  영어가 얼마나 쉬운지 : how easy English is

😊 예문

- 나는 밖이 얼마나 추운지 모른다 : I don't know how cold it is outside.
- 모두가 영어가 얼마나 중요한지를 안다 : Everyone knows how important English is.
- 너는 밖이 얼마나 추운지 상상도 못 할거야 : You can't imagine how cold it is outside.

⏱ Let's practice ❸ ➠ ❷ ➠ ❶ ➠ GO

☑ 너는 내가 얼마나 바쁜지 몰라 :

☑ 겨울에 얼마나 추울지 상상을 못 하겠어 :

☑ 교수님이 그게 얼마나 쉬운지 우리에게 말해주셨어 :

☑ 그는 운동이 얼마나 중요한지 강조했어요 :

☑ 제가 지금 얼마나 행복한지 모르실 거에요 :

☑ 난 이 차가 얼마나 비싼지도 몰라 :

'want + 목적어 + to'

난 정말 겨울이 <u>끝났으면 좋겠어</u>

핵심표현

- 나는 ~하기를 원하다 : I want to + 동사 원형
- 나는 ~이 ~하기를 원하다 (좋겠다) : I want + 사람, 사물, 상황의 목적격 + to + 동사 원형
- 나는 ~이 ~하지 않길 원하다 : I don't want + 사람, 사물, 상황 + to + 동사 원형

예문

- 정말 겨울이 끝났으면 좋겠어 : I really want winter to be over.
- 겨울이 안 끝났으면 좋겠어 : I don't want winter to be over.

Let's practice ❸ ▸ ❷ ▸ ❶ ▸ GO

① 나는 네가 이걸 알았으면 좋겠어 :

② 그는 제가 여기에 있길 원해요 :

③ 난 네가 행복했으면 좋겠어 :

④ 제 팀장님은 제가 새 프로젝트를 시작하길 원하셨어요 :

⑤ 난 이 수업이 안 끝났으면 좋겠어 :

⑥ 난 그가 나에게 솔직했으면 좋겠어 :

'대접하다'
내가 저녁 살게

핵심표현

- I will pay : 내가 결제할게
- It's my treat / I will treat you : 내가 대접할게, 살게
- It's on me : 내가 살게 (•서비스로 드립니다는? _____)
- I got it / this : (계산서를 집어들면서) 내가 결제할게
- split the bill / go Dutch : 각자 내다

예문

- Danny가 저녁 살거야 : Dinner is **on Danny.**
- 이거 서비스에요? : **Is this on the house?**

Let's practice ③ ▸ ② ▸ ① ▸ GO

① 이 치즈케이크 서비스에요 :

② 도와줘서 고마워. 점심은 내가 살게! :

③ 내가 저녁 살게. 뭐 먹고 싶어? :

④ 고마워. 내가 다음에 살게 :

⑤ 각자 내자 :

⑥ 이거 서비스로 드릴게요. 단골이시니까 :

'enough'

저 술 마실 <u>나이는 돼요</u>

☺ 핵심표현

- enough + 명사

  충분한 시간 : enough time / 충분한 돈 : enough money

  have enough money to + 동사 원형 : ~할 정도의 돈이 있다

- 형용사 + enough

  충분히 따뜻한 : warm enough / 나이가 충분히 있는 : old enough

  warm enough to + 동사 원형 : ~할 정도로 따뜻하다

☺ 예문

- 난 거기 갈 정도의 시간은 있어 : I have enough time to go there.
- 산책할 정도로 따뜻하다 : It's warm enough to go for a walk.
- 저는 술 마실 나이는 돼요 : I'm old enough to drink.

⏱ Let's practice ❸ ▸ ❷ ▸ ❶ ▸ GO

1 나 저녁 사먹을 만한 돈은 없어 :

2 이 정도면 충분히 좋아요 :

3 이 맨투맨은 충분히 커 :

4 그는 운전면허증을 취득할 수 있는 나이야 :

5 걱정 마. 그녀는 연습할 시간 충분히 있어 :

6 그녀는 모델이 될 정도로 키가 커요 :

'kind of'

나 좀 배고파

😊 핵심표현

- kind of : 약간, 어느 정도, 조금, 꽤 (•발음은? _____)
- kind of + 형용사 : 꽤 ~한
  꽤 더운 : kind of hot / 꽤 피곤한 : kind of tired
- kind of + 동사 : 꽤 ~하다

😊 예문

- 오늘 꽤 덥다 : It's kind of hot today.
- 나 좀 배고파 : I'm kind of hungry.
- 나 중국음식 꽤 좋아해 : I kind of like Chinese food.
- 나 어느 정도 이해한 것 같아 : I kind of understand.

😊 Let's practice ❸ ▸ ❷ ▸ ❶ ▸ GO

1 나 좀 신나 :

2 저 지금 좀 바빠요 :

3 나 좀 집에 가고 싶어 :

4 난 둘 다 어느 정도 좋아해 :

5 밖에 좀 쌀쌀해 :

6 나 좀 심심해. 뭐 재미있는 거 하자 :

'run'

이 버스는 20분마다 <u>운행해</u>

☺ 핵심표현

- 달리다 : He runs so fast (그는 달리기가 참 빨라)
- 운영하다 / 경영하다 : run a business (사업을 운영하다)
- 운행하다 : Trains are running today (기차는 오늘 운행됩니다)
- 작동하다 : This elevator is running (이 엘리베이터는 가동됩니다)
- 액체가 흐르다 : have a runny nose (콧물이 나다)

☺ 예문

- 이 버스는 하루에 3번 운행해 : This bus runs three times a day.
- 이 버스는 20분마다 운행해 : This bus runs every 20 minutes.
- 저 콧물 나요 : I have a runny nose.

☺ Let's practice ❸ ▶ ❷ ▶ ❶ ▶ GO

1 제 사촌은 꽃집을 운영해요 :

2 그 동네에 버스 안 다녀요 :

3 나 감기 걸린 것 같아. 콧물 나 :

4 프린터가 작동이 안 돼 :

5 저 수업 끝나자 마자 여기로 뛰어왔어요 :

6 이 버스 배차간격이 어떻게 돼요? :

111

'sweet'

참 자상하기도 해라

☺ **핵심표현**

- sweet : 달콤한, 자상한, 친절한
- sweets : 단 것 (•동일한 표현? _____)
- I have a sweet tooth : 달콤한 것을 좋아하다
- Sweet! : (감탄사) 아싸, 오예, 대박, 짱
- That's very sweet of you : 너 정말 친절 (다정)하구나

☺ **예문**

- 그런 말을 하다니 정말 고마워 : That's very sweet of you **to say!**

⏱ **Let's practice ❸ ➡ ❷ ➡ ❶ ➡ GO**

1️⃣ 저 군것질 완전 좋아해요 :

2️⃣ 이거 무료라구요? 아싸! :

3️⃣ 그거 기억하고 있다니. 고마워 :

4️⃣ 저는 웬만하면 8시 이후 단 것 안 먹으려고 해요 :

5️⃣ 너 단 것 좋아하는 거 같네 :

6️⃣ 나한테 물어 봐줘서 완전 고마웠어!

'think about'

꿈도 꾸지마

😊 핵심표현

- Don't think about : ~에 대해 생각하지마
- Don't even think about : ~에 대해 생각 조차 하지마 / 꿈도 꾸지마
- Don't even think about + 명사 / 동사 ing

😊 예문

- 그거 꿈도 꾸지마 : Don't even think about it.
- 거기 갈 생각도 하지마 : Don't even think about going there.

⏰ Let's practice ❸ ▸ ❷ ▸ ❶ ▸ GO

1 생각 하지도 마. 그냥 해!

2 내 케이크 먹을 생각 하지도 마! :

3 마음 바꿀 생각은 하지도 마! :

4 내 생일 파티에 Julie 데려올 생각 하지도 마! :

5 그녀에게 고백할 생각 하지도 마! :

6 어디 갈 생각도 하지마! :

113

'~에 빠지다'

나 요즘 영어에 <u>빠져있어</u>

😊 핵심표현

- into : ~안으로
- be into + 명사 / 동사 ing : ~에 푹 빠지다 (취미, 취향)
- so / really + into : ~에 완전 빠지다 (강조)

😊 예문

- 나 매운 음식에 빠져있어 : I'm into spicy food.
- 나 영어 공부 하는데 푹 빠져있어 : I'm into studying English.
- 나 요즘 영어에 빠져있어 : I'm into English these days.
- 나 저 남자에게 푹 빠졌어 : I'm into him.

⏰ Let's practice ❸ ⇒ ❷ ⇒ ❶ ⇒ GO

① 나 그 노래에 빠졌어 :

② 나 요즘 요리 하는 거에 완전 빠졌어 :

③ 나 요즘 커피에 빠졌잖아 :

④ 나 일빵빵으로 영어 공부 하는 거에 빠졌어 :

⑤ 나 그 영화에 빠져서, 열 번 이상은 봤어 :

⑥ 나 요새 서핑에 빠져있어. 언제 한 번 가자 :

'on my way'

나 회사 가는 길이야

☺ 핵심표현

- be on one's (=the) way : 가는 중이야, 가는 길이야, 지금 바로 갈게
- be on one's way + to 장소 : ~로 가는 중이야
- (예외) to + here, there, home (x)

☺ 예문

- 나 가는 중이야 : I'm on my way.
- 그녀가 가는 중이야 : She's on her way.
- 나 회사 가는 길이야 : I'm on my way to work.
- 그녀가 여기로 오는 길이야 : She's on her way here.
- 나 다시 사무실로 돌아가는 중 : I'm on my way back to the office.

⏱ Let's practice ❸ ▸ ❷ ▸ ❶ ▸ GO

1️⃣ 나 가는 중이야. 5분 뒤에 도착해! :

2️⃣ 내가 거기 가는 길에 커피 사갈게 :

3️⃣ 나 사무실로 돌아가는 중이야 :

4️⃣ 여기 오는 길에 차 사고 봤어 :

5️⃣ 나 퇴근 후 집 가는 길에 Julie랑 마주쳤어 :

6️⃣ 너 오고 있어? 거의 7시야 :

'I'm here to'

저 머리 자르러 <u>왔어요</u>

😊 **핵심표현**

- (목적) 저 여기 ~하러 왔어요 : I'm here to + 동사 원형
- 저 여기 ~하러 온 거 아니에요 : I'm not here to + 동사 원형

😊 **예문**

- 저 뭐 좀 물어보러 왔어요 : I'm here to ask you something.
- 저 머리 자르러 왔어요 : I'm here to get a haircut.
- 저 여기 친구 사귀려고 온 거 아니에요 : I'm not here to make friends.

🕐 **Let's practice ❸ ▸ ❷ ▸ ❶ ▸ GO**

1 우리 사과하러 왔어 :

2 저 그 얘기 하러 온 거 아니에요 :

3 저 헬스장 회원권 갱신하러 왔어요 :

4 제 물건 가지러 왔어요 :

5 어제 주문한 케이크 찾으러 왔는데요 :

6 네 시간 뺏으러 온 거 아니야 :

'get something p.p'

차 <u>수리 맡겼어</u>

☺ **핵심표현**

- 일정한 돈을 지불하고 서비스를 받는 동사 : get + 명사 (서비스 받을 물건) + 동사 p.p

☺ **예문**

- 나 컴퓨터 수리 맡겼어 : I got my computer fixed (=repaired).
- 미용실 가서 머리 잘랐어 : I got my hair cut. (•cut my hair는? _____)
- 나 차 수리 맡겼어 : I got my car fixed.

⏰ **Let's practice ❸ ▸ ❷ ▸ ❶ ▸ GO** ⋯⋯⋯⋯⋯⋯⋯⋯⋯⋯⋯⋯⋯⋯⋯⋯⋯⋯⋯⋯⋯⋯⋯⋯⋯

1 너 염색했어? :

2 그는 머리를 직접 자른다 :

3 나 오늘 네일 했다~ :

4 괜찮아. 이 셔츠 드라이 클리닝 맡기면 돼 :

5 나 카센터 가야되는데 : (카센터 가는 것을 '차 수리 맡겨야 된다는 것'으로 말할 수 있어요)

6 나 핸드폰도 고쳤고 세차도 했어 :

'take care of'

내가 그거 <u>처리할게</u>

☺ 핵심표현

- take care of + 생명체 (사람, 동물, 식물) : ~을 돌보다, 보살피다
- take care of + 상황, 임무 : ~을 해결하다, 처리하다, 관리하다
- take care of + health / myself : 건강을 관리하다
- take good care of : ~을 잘 보살피다 (•Take care!의 뜻? _____)

☺ 예문

- 저는 제 남동생을 돌봤어요 : I took care of my brother.
- 내가 그거 해결 할게 : I will take care of it.
- 너 건강 좀 챙겨 : Take care of your health (=yourself).
- 우리 강아지 잘 보살펴줘 : Please take good care of my dog.

⏰ Let's practice ❸ ⇒ ❷ ⇒ ❶ ⇒ GO

1️⃣ 강아지 보살펴 주는 것 잊지마 :

2️⃣ 저는 제 차 관리를 잘 합니다 :

3️⃣ 그 문제는 제가 처리 할게요 :

4️⃣ 제가 프린터 손 볼게요 :

5️⃣ 잘가! 그리고 그녀에게 전화하는 거 까먹지 말고! :

6️⃣ 나는 나이가 들고 있으니, 건강을 각별히 신경 써야해 :

'depend on'

상황에 따라 달라요

🙂 핵심표현

- It depends (on) : 케이스 바이 케이스, 그 때마다 달라요
  (depend on : ~에 의지하다 > ~에 달려있다 > ~에 따라 다르다)
- depend on + 명사 / 명사구 (wh-word + 주어 + 동사)

🙂 예문

- 그건 상황에 따라 달라 : It depends on the situation.
- 그건 무게에 따라 달라요 : It depends on the weight.
- 그거 얼마 하는지에 따라 달라 : It depends on how much it is.
- 누가 가느냐에 따라 달라요 : It depends on who is going.

🙂 Let's practice ❸ ⇢ ❷ ⇢ ❶ ⇢ GO

1 색상에 따라 달라요 :

2 모르겠어. 날씨 봐서 :

3 몇 개를 구매하실지에 따라 달라요 :

4 당신이 뭘 원하는지에 따라 달라요 :

5 말투에 따라 다르죠 :

6 매 번 달라요. 근데 주로 5시에 퇴근해요 :

'worth'

기다릴 만 해

😀 **핵심표현**

- ~할 가치가 있다 (해 볼만하다) : It is worth + 명사 , 동사 ing
- 완전 ~할 가치가 있다 : It's well / definitely / totally worth

😀 **예문**

- 시도할 만한 가치가 있다 : It's worth a try 명사 / It's worth trying 동사 ing.
- (이미 언급된 것이) 해볼 만 하다 : It's worth it!
- 기다릴 만 해 : It's worth waiting.

🕐 Let's practice ❸ ▸ ❷ ▸ ❶ ▸ GO

1 물어볼 만 해 :

2 1시간 기다릴 만해 :

3 그만한 가치는 없는듯. 시간 아까워 :

4 그냥 한번 해봐. 충분히 그럴만한 가치 있어 :

5 그렇게 맛있진 않았어. 그만한 가치는 없는 듯 :

6 그 박물관은 확실히 가볼 만 해 : (visit도 명사로 사용됩니다)

'every single'

그는 하루도 빠짐없이 매일 운동해

☺ 핵심표현

- 하나도 빠짐없이, 하나하나 다 : every single + [단수 명사]

☺ 예문

- (하루도 빠짐없이) 매일 : every single day
- (하루도 빠짐없이) 매일 밤 : every single night
- 그는 하루도 빠짐없이 매일 운동해 : He works out every single day.

☺ Let's practice ❸ ▸ ❷ ▸ ❶ ▸ GO

▮ 그는 저 셔츠 하루도 빠짐없이 매일 입어 :

❷ 그는 하루도 거르지 않고 매일 술을 마셔 :

❸ 너 일일이 다 설명 하지 않아도 돼 :

❹ 저는 거기 2년동안 하루도 빠짐없이 매일 갔어요 :

❺ 저는 여기에 있는 모든 사람들을 존중해요 :

❻ 난 네가 말한 모든 것이 다 기억 나 :

'freak'

진정 좀 해

😊 **핵심표현**

- 명사 freak : 괴짜, 특이한 사람, ~에 집착하는 사람
  (• 결벽증은? _____, 통제광은? _____)
- 동사 freak out : 깜짝 놀라다, 난리 나다, 펄쩍 뛰다, 기겁하다
- 동사 freak someone out : ~를 깜짝 놀라게 하다, 기겁하게 하다

😊 **예문**

- 너 정말 깔끔 떤다 : You are such a neat freak.
- 우리 엄마가 완전 난리 치 실 거야 : My mom will freak out!!!
- 진정 좀 해 : Stop freaking out.
- 너 때문에 나 놀랬잖아 : You freaked me out!

⏱️ **Let's practice ❸ ▸ ❷ ▸ ❶ ▸ GO**

① 제 룸메이트는 정말 깔끔 떨어요 :

② 나 지갑 잃어버렸어… 아 미치겠네 :

③ 진정해. 내가 도와줄게 :

④ 나 그거 봤을 때 완전 기겁했어 :

⑤ 넌 내가 모든 것을 내 마음대로 한다고 생각하는데, 아니야 :

⑥ Julie한테 말 하지 마. 완전 난리 칠거야 :

'Let me know'

필요한 거 있으면 <u>알려줘</u>

☺ 핵심표현

- Tell me : 말해줘 (상대방이 이미 그 정보를 알고있다는 전제)
- Let me know : 알려줘 (그 정보를 나중에 찾게 (알게) 되면 알려줘)
- Let me know if + 주어 + 동사 : ~한다면 알려줘
- Let me know + wh-word + 주어 + 동사 : ~을 언제, 어떻게 할 건지 알려줘

☺ 예문

- 너 관심 있으면 나한테 알려줘 : Let me know if you are interested.
- 너 필요한 거 있으면 알려줘 : Let me know if you need anything.
- 거기 언제 도착하는지 알려줘 : Let me know when you get there.

⏱ Let's practice ❸ ▸ ❷ ▸ ❶ ▸ GO

▣ 제가 나중에 알려드릴게요 :

▣ 원치 않으시면 저희에게 알려주세요 :

▣ 취소하고 싶으면 나한테 알려줘 :

▣ 도움 필요하면 저한테 알려줘요 :

▣ 사람 몇 명 오는지 알려줘요 :

▣ 몇 시에 떠나고 싶은지 알려줘 :

'should have p.p'

공부 더 <u>열심히 할걸</u>

😊 핵심표현

- should have p.p : (과거에 대한 아쉬움과 후회) ~할걸 (했어야 했는데 하지 않았다)
- shouldn't have p.p : ~하지 말걸
- You shouldn't have : 뭐 이런 걸 다, 안 그래도 되는데~~

😊 예문

- 너한테 말할 걸 그랬다 : I should have told you.
- 공부 더 열심히 할걸 : I should have studied harder.
- 너한테 말하지 말 걸 : I shouldn't have told you.
- 고마워요, 뭐 이런걸 다 : Thanks! You shouldn't have!

⏱ Let's practice ❸ ⇢ ❷ ⇢ ❶ ⇢ GO

① 미안. 너한테 말할 걸 그랬어 :

② 완전 예뻐. 고마워. 뭐 이런 걸 다… :

③ 너 그거 샀어야 했어. 완전 저렴했는데! :

④ 네 말이 맞았어. 네 말 들을 걸 그랬어 :

⑤ 안 된다고 할 걸 :

⑥ 제가 괜히 말했네요 :

'There is nothing to'

걱정 할 것 하나도 없어

☺ 핵심표현

- ~할 것이 하나도 없다 : There is nothing to + 동사 원형

☺ 예문

- 집에 먹을 것이 하나도 없다 : There is nothing to eat at home.
- 걱정 할 것 없다 (걱정 할 필요 없어) : There is nothing to worry about.

⏱ Let's practice ❸ ⇒ ❷ ⇒ ❶ ⇒ GO

❶ TV에 볼 게 하나도 없어 :

❷ 화날 일 아무것도 없다 :

❸ 나 완전 심심해. 여기 할 게 없어 :

❹ 메모에 쓸 말이 없어 :

❺ 무서워할 게 하나도 없다 :

❻ 미안해 할 필요 하나도 없어 :

'drop by'

너네 집에 잠깐 <u>들를게</u>

😊 핵심표현

- visit : (목적을 가지고) 장소에 비교적 오래 머무르다
- drop by : 사전 약속 없이 캐주얼하게 들르다 (=swing by)
- stop by : 목적성을 가지고 잠깐 들르다

😊 예문

- 시간 가능할 때 아무 때나 들러 : Drop by **anytime!**
- 나 책 사러 서점에 잠깐 들렀어 : I stopped by **the bookstore to buy a book.**

⏱ Let's practice ❸ ⇢ ❷ ⇢ ❶ ⇢ GO

1️⃣ 너 7시 이후에 들러도 돼 :

2️⃣ 인사나 할 겸 잠시 들렀어 :

3️⃣ 우리 가는 길에 사무실 잠깐 들려도 돼? :

4️⃣ 우리 빵 사러 가게 잠깐 들리자 :

5️⃣ 5시 이후면 아무 때나 내 카페에 들려도 돼 :

6️⃣ 너 들를 필요 없어 :

'haven't decided'

아직 뭐 먹을지 안 정했어

☺ 핵심표현

- 아직 결정 안 했어 : I haven't decided yet
- ~을 결정 안 했다 : I haven't decided + wh-word + to 동사 원형
- 아직 안 정해졌어 : It hasn't been decided yet

☺ 예문

- (식당에서) 아직 못 정했는데 5분 뒤에 주문해도 될까요? :

  I haven't decided yet. Can I order in 5 minutes?
- 뭐 할지 안 정했어 : I haven't decided what to do.
- 뭐 먹을지 안 정했어 : I haven't decided what to eat.
- 어디 갈지 안 정했어 : I haven't decided where to go.

☺ Let's practice ❸ ➡ ❷ ➡ ❶ ➡ GO

1 아직 어디서 만날 지 못 정했어요 :

2 점심으로 뭐 먹을지 안 정했어 :

3 나 아직 결정 못 했는데, 너는? :

4 Julie는 아직 뭐 살지 못 정했어 :

5 아직 결정 안 났어요. 우리 좀 기다려야 할 것 같아요 :

6 우리 아직 어디 갈지 안 정했어. 오늘 밤에 알려줄게 :

'정주행 하다'

나 '프렌즈' <u>정주행</u> 했어

☺ 핵심표현

- binge-watch : ~을 몰아서 보다, 정주행 하다 (•binge의 뜻? _____)

☺ 예문

- 나 지난 주에 그 프로그램 정주행 했어 : I binge-watched the TV show last week.
- 정주행 중이다 : be binge-watching

⏱ Let's practice ❸ ▸ ❷ ▸ ❶ ▸ GO

1️⃣ 나 '모던 패밀리' 정주행 중이야! :

2️⃣ 나 아마 오늘 그거 정주행 하지 않을까 :

3️⃣ 이 티비쇼 엄청 재미있어. 나 몰아서 봤어 :

4️⃣ 나 프렌즈 전 시즌 정주행 했어 :

5️⃣ 나 마지막 시즌 정주행 중이야 :

6️⃣ 몰아서 보는 게 최고! :

'Good thing that'

네가 있어서 <u>다행이야</u>

☺ 핵심표현

~해서 다행이야, ~하길 잘했다
- (It's a) good thing that [주어] + [동사]
- I'm glad that [주어] + [동사]

☺ 예문

- 우리가 제 시간에 도착해서 다행이야 : Good thing that (=I'm glad that) we are on time.
- 네가 있어서 다행이야 : Good thing that (=I'm glad that) I have you.

⏰ Let's practice ❸ ⇒ ❷ ⇒ ❶ ⇒ GO

1 그가 여기에 있어서 다행이야 :

2 내가 거기 안 간 게 다행이야 :

3 밖에 비오네. 우산 가져오길 잘했다 :

4 오늘 날씨가 쨍쨍해서 다행이야 :

5 네가 훨씬 괜찮아 졌다니 다행이야 :

6 우리가 공통점이 많다는 게 다행이야 :

'sick vs. hurt'

허리가 <u>아파</u>

☺ **핵심표현**

- sick : 건강하지 않은 (병에 걸려서 아픈, 신체 / 정신)
- hurt : 몸의 특정부위가 다치거나 아프거나, 상처를 입은
- It hurts a lot / so bad : (신체 부위가) 엄청 아프다

☺ **예문**

- 병가를 내다 : call in sick
- (친구가 팔을 때려서) 팔 아파 : My arm hurts.
- 나 팔 다쳤어 : I hurt my arm. (•My arm is sick은 맞는 표현이다? ⓞⓧ)
- 허리 아파 : My back hurts.

🕐 **Let's practice ❸ ▸ ❷ ▸ ❶ ▸ GO** ·······

1 나 손가락 엄청 아파 :

2 나 아파. 감기 걸린 것 같아 :

3 Daniel 오늘 없어요. 병가 냈어요 :

4 나 허리가 엄청 아파. 이유를 모르겠어 :

5 나 오늘 아침에 진짜 아파서 회사 안 갔어 :

6 나 못 걷겠어. 발이 너무 아파 :

'move on'

그 사람 좀 잊고 새로운 사람 만나

☺ 핵심표현

• move on : 다른 주제로 넘어가다, 새로 시작하다, 잊고 나아가다

☺ 예문

• (회의에서) 새로운 토픽으로 넘어가죠 : Let's move on.

• 이직할 시기야 : It's time to move on.

• 그 사람 좀 잊고 새로운 사람 만나 : You gotta move on.

☺ Let's practice ❸ ▸ ❷ ▸ ❶ ▸ GO

1 저희 시간 없어요. 넘어가야 해요 :

2 저 새로 시작하려고 결정했어요 :

3 질문 없으시면 넘어갈게요 :

4 새로운 사랑을 시작하는 건 어려워 :

5 내 일이 지겨워. 이직 해야겠어 :

6 그녀가 이미 새로운 사람을 만나고 있다니 믿을 수 없어 :

131

119강 Let's
입빵1 기초 UP

'That's why'

그래서 네가 늦었구나

핵심표현

- 그래서 주어 가 ~하다 : That's why + 주어 + 동사
- 아~ 그래서~ (그렇구나) : Oh, that's why~

예문

- 그래서 제가 그녀를 좋아해요 : That's why I love her.
- 그래서 네가 늦었구나 : That's why you are late.

Let's practice ❸ ▸ ❷ ▸ ❶ ▸ GO

1 그래서 제가 여기에 왔습니다 :

2 나 밤샜어. 그래서 피곤한거야 :

3 아 그래서 그렇구나~ 이제야 말이 되네 :

4 직원이 정말 친절해. 그래서 내가 이 식당을 좋아해 :

5 그래서 Julie 가 영어를 잘하는 구나 :

6 그래서 그가 운전면허증 따려는 거야 :

'The 비교급, the 비교급'

많으면 많을수록 좋다

☺ 핵심표현

- ~하면 할수록 더 ~하다 :
  The 비교급 + 주어 + 동사 , the 비교급 + 주어 + 동사

☺ 예문

- 책이 많으면 많을수록 우리는 더 많이 배운다 :

  The more **books we have**, the more **we learn**.

- 많으면 많을수록 좋다 : The more (we have) the better (it is).

- 사람 많으면 많을수록 더 즐거워 : The more the merrier.

⏱ Let's practice ❸ ⇢ ❷ ⇢ ❶ ⇢ GO

① 작으면 작을수록 좋다 :

② 현금이 많으면 많을수록 좋아 :

③ 네 친구들 데려와. 많으면 많을수록 재미있지 :

④ 빠르면 빠를수록 좋아요 :

⑤ 내가 영어 공부를 하면 할수록 내 영어실력은 더 좋아질 거야 :

⑥ 네가 우리를 도와줄수록 일이 더 잘 풀릴 거야 :

'wear'

너 향수 <u>뿌렸어?</u>

😊 핵심표현

- 몸에 걸치고 바르다 : wear로 통일!
  모자를 쓰다 : wear **a hat** / 화장하다 : wear **makeup**
  립스틱을 바르다 : wear **lipstick** / 향수 뿌리다 : wear **perfume**
- I'm wearing (**something** / 명사) : 현재 −를 입고 있다
- try on : 입어보다

😊 예문

- 너 향수 뿌렸어? : **Are you** wearing perfume?
- 나 검정 자켓 입고 있어 : I'm wearing a black jacket.
- 저 이거 입어봐도 될까요? : **Can I** try this on?

⏱ Let's practice ❸ ➤ ❷ ➤ ❶ ➤ GO

☑ 나 오늘 화장 안 했어 :

☑ 무슨 향수 뿌렸어? :

☑ 오늘 선크림 바르는 거 까먹지 마 :

☑ 사람들은 밖에서 마스크를 써야 합니다 :

☑ 나 흰색 맨투맨 티 입고 있어 :

☑ 저 이거 입어봐도 돼요? 탈의실 어디에요? :

'Make sure'

그녀에게 꼭 이메일 보내

핵심표현

- Make sure : 꼭, 반드시 ~을 하다, ~하는 거 잊지 않다
- Make sure to + 동사 원형 : 주체가 동일할 때
- Make sure that + 주어 + 동사 : 주체가 다를 때(주체가 동일할 때도 가능)
- Make sure (that) you don't + 동사 원형 : 반드시 ~하지 않도록 해

예문

- 불 꼭 꺼 : Make sure to turn off the light.
- Jake가 불을 꼭 끄게 해라 : Make sure that Jake turns off the light.
- 그녀에게 꼭 이메일 보내 : Make sure to email her.
- 너무 늦게까지 있지마 : Make sure you don't stay up too late.

Let's practice ❸ ▸ ❷ ▸ ❶ ▸ GO

① 꼭 제 자리에 갖다 놓으세요 :

② 식전에 꼭 손 씻어 :

③ 잘못되는 일이 없도록 해 :

④ 제가 12전에 꼭 그들에게 말하겠습니다 :

⑤ 제가 모두가 안전하게 있도록 할게요 :

⑥ 너 나가기 전에 문 반드시 잠그지 않도록 해 :

'so that'

난 영어실력 <u>늘리려고</u> 일빵빵을 들어

😊 **핵심표현**

- so 형용사 that : 매우 형용사 해서 ~하다
- 문장 + so that + 문장 : ~하기 위해서, ~하도록

  (●to 와 so that의 차이점은? _____)

😊 **예문**

- 휴가 가기 위해서 : so that I can go on a vacation
- 제가 스크린을 볼 수 있도록 앉아주세요 :

  Please sit down so that I can see the screen.
- 난 영어실력 늘리려고 일빵빵을 들어 :

  I listen to 일빵빵 so that I can improve English.

⏰ **Let's practice ❸ ➧ ❷ ➧ ❶ ➧ GO**

1 저는 건강을 유지하기 위해서 헬스를 해요 :

2 나 너무 추워서, 잠을 못 잤어 :

3 무료로 식사 하실 수 있게 제가 쿠폰을 드릴게요 :

4 아무도 못 들어오도록 문 닫아 주세요 :

5 제가 시간 맞춰서 끝내야 하니까, 이메일 보내주세요 :

6 저 서류 편집할 시간 필요하니까 지금 보내주세요 :

'free'

케이크는 서비스에요

☺ 핵심표현

- free (공짜인) / for free (공짜로) / free of charge (공짜, 공짜로)
- complimentary : 무료의 (다른 뜻은? _____)
- It's on the house : 이건 서비스에요

☺ 예문

- 티켓 공짜야 : Tickets are free / Tickets are free of charge.
- 나 이거 공짜로 받았어 : I got it for free.
- 무료 커피 : complimentary coffee
- 저희 이거 주문 안했는데, 서비스인가요? : We didn't order this. Is this on the house?

⏱ Let's practice ❸ ▸ ❷ ▸ ❶ ▸ GO

① 기다려 주셔서 감사합니다. 이건 서비스입니다 :

② 티켓은 무료로 제공됩니다 :

③ 이번 달 동안은 첫 음료는 서비스입니다 :

④ 무료 음료 드세요~ :

⑤ 회원 가입 하시면, 와인 한 잔 무료로 드려요 :

⑥ 자료를 무료로 다운로드 할 수 있어요 :

'taste'

맛있네

☺ 핵심표현

Taste

- 맛 : The taste is + 형용사 (●acquired taste의 뜻은? _____)
- 맛을 보다, ~맛이 나다 : It tastes + 형용사
- ~와 같은 맛이 나다 : It tastes like + 명사
- 취향, 기호 : have good taste in + 명사 (~에 안목이 있다)

☺ 예문

- 너 원하면 맛 봐 : You can taste if you want.
- 너 음악적 안목이 있구나 : You have good taste in music.
- 저희는 영화 취향이 같아요 : We have the same taste in movies.

☺ Let's practice ❸ ➤ ❷ ➤ ❶ ➤ GO

1 사워 크림은 계속 먹다 보면 맛있어 :

2 이 수프 맛이 좀 이상한데? :

3 나랑 엄마는 식성이 같아 :

4 난 그가 패션엔 안목이 없는 것 같아 :

5 치킨 맛이 나네요. 음 맛있어요! :

6 너가 좋아할 수도 있어. 처음에는 별로인데 먹다 보면 맛있어 :

138

입빵 1

'all day'

난 이거 하루 종일 할 수도 있어

핵심표현

하루 종일 ~했어요 : I 동사 all day / I spent all day + 동사 ing
- 밤을 새다 : stay up all night (long)
- ~하느라 밤새다 : I 동사 all night / I stay up all night + 동사 ing

예문

- 나 하루 종일 영어공부 했어 : I studied English all day. (=I spent all day studying English)
- 나 오늘 밤 새야 해 : I have to stay up all night.
- 나 공부한다고 밤 샜어 : I studied all night. (=I stayed up all night studying)

Let's practice ❸ ➡ ❷ ➡ ❶ ➡ GO

1. 나 어제 하루 종일 TV 봤어 :

2. 나 어제 하루 종일 청소 했어 :

3. 나 오늘 하루 종일 계속 바빴어 :

4. 나 하루 종일 아무것도 안 했어 :

5. 나 중간 고사 때문에 밤 새야 해 :

6. 나 프렌즈 정주행 하느냐고 밤을 샜어 :

139

'homebody'

난 정말 집순이야

☺ 핵심표현

- 집에서 쉬다 : get some rest (relax, chill, chillax) **at home**
- 호캉스 : staycation (stay + vacation)
- 집순이 / 집돌이 : homebody

☺ 예문

- 오늘은 쉬어가는 날! : Today is a chill day. (•chill의 다른 뜻은? _____)
- 난 정말 집순이야 : I'm such a homebody!

⏱ Let's practice ❸ ▸ ❷ ▸ ❶ ▸ GO

1 나 그냥 집에서 쉬는 중 :

2 나 호캉스 할 계획 이야 :

3 오늘은 쉬어 가는 날이야. 그냥 호텔에서 있자 :

4 저는 집순이라서, 집에 있는게 정말 좋아요 :

5 저는 집에 있는 걸 좋아해요. 집에서 할 게 많아요 :

6 그냥 집에서 쉬려고. 아마 프렌즈 정주행 하지 않을까? :

'I hope'

네가 좋아했으면 좋겠다

😊 핵심표현

- 내가 ~하기를 희망하다 : I hope to + 동사 원형
- ~이 ~하면 좋겠다 : I hope + 주어 + 동사 (현재시제)

😊 예문

- 널 곧 보기를 바란다 : I hope to see you soon.
- 너 빨리 회복했으면 좋겠다 : I hope you get better soon.
- 네가 좋아했으면 좋겠다 : I hope you like it.

🕐 Let's practice ❸ ⟫ ❷ ⟫ ❶ ⟫ GO

1 너희들 즐거운 시간 보냈으면 좋겠다 :

2 행운을 빌게. 다 잘 됐으면 좋겠다 :

3 모든 게 일상으로 돌아갔으면 좋겠어 :

4 나 너한테 줄 거 있어. 네가 좋아했으면 좋겠다 :

5 너 아프다고 들었어. 빨리 낫길 바라 :

6 나 친구 데려왔는데, 네가 싫어하지 않았으면 좋겠다 :

'Be nice to'

나한테 잘해

😊 핵심표현

- Be nice to + someone : ~에게 잘하다 (잘하다, 무례하게 굴지않다, 예의를 차리다)
- mean : 짓궂은, 나쁘게 대하는 (●오빠 나빠를 영어로? _____)

😊 예문

- 나한테 잘해 : Be nice to me.
- 나한테 왜 이렇게 못되게 굴어? : Why are you so mean to me?
- 공부벌레에게 잘해주세요. 나중에 그 사람 밑에서 일하게 될 수도 있어요 :

  Be nice to nerds. Chances are you will end up working for one. (Bill Gates)

🕐 Let's practice ❸ ▸ ❷ ▸ ❶ ▸ GO

1️⃣ 나 너한테 잘하잖아 :

2️⃣ 네 친구한테 잘해 :

3️⃣ 선생님한테 그렇게 못되게 굴지마 :

4️⃣ 그는 항상 나한테 잘해줬어 :

5️⃣ 나 곧 돌아올게. 조용히 있어 :

6️⃣ 난 네가 왜 Julie한테 항상 못되게 구는지 모르겠어 :

'that + 형용사'

그거 그렇게나 맛있어?

😊 핵심표현

- (긍정) 그 정도로, 그렇게나 : that + 형용사
- (부정) 그 정도로 (그렇게까지) ~하지 않는 : not that + 형용사

😊 예문

- 그게 그렇게나 맛있어? : Is it that good?
- 밖에 그렇게나 추워? : Is it that cold outside?
- 그렇게까지 맵지는 않아 : It is not that spicy.
- 나 그렇게 피곤하지는 않아 : I am not that tired.
- 이거 그렇게 어렵진 않아 : It is not that difficult.

😊 Let's practice ③ ▶ ② ▶ ① ▶ GO

① 넌 할 수 있어. 그렇게 어렵지 않아 :

② 그거 그렇게나 맛이 없어? :

③ 나 배 그렇게 고프지는 않아. 점심 늦게 먹었거든 :

④ 그거 그렇게나 웃겨? :

⑤ 한 번 먹어봐. 그렇게 쓰진 않아 :

⑥ 우리 걸어갈까? 여기서 그렇게 멀지 않아 :

143

'mean a lot'
저에겐 정말 고마운 일이에요

핵심표현

- It means a lot :
  의미가 커요 (남달라요), 힘이 돼요, 저에게 소중해요 (특별해요), 정말 고마워요, 많이 와닿아요
- It means a lot to + 사람 : ~에게 의미가 크다
- It means a lot that + 주어 + 동사 : ~을 해줘서 정말 고마워

예문

- 고마워, 나에게 와닿는 충고야 : Thanks, it means a lot to me.
- 여기 와줘서 고마워 : It means a lot that you came here.
- 여러분이 매일 일빵빵을 듣는 것이 저에게 큰 힘이 돼요 :
  It means a lot to me that you guys listen to 일빵빵 every day. ☺

Let's practice ❸ ➡ ❷ ➡ ❶ ➡ GO

1 이 일은 저에게 아주 중요해요 :

2 네가 내 옆에 있어 주는 게 큰 힘이 돼 :

3 제 첫 작품이라 의미가 남달라요 :

4 그게 정말 너에게 큰 의미라면, 그냥 해 봐 :

5 저를 초대해주셔서 감사해요. 저에게 정말 의미가 커요 :

6 먼 길을 와주셔서 감사해요. 저희에게 큰 힘이 되네요 :

'nothing beats'

집 밥 만한 건 없어

핵심표현

- A가 최고야 : A is the best.
- A 만한 건 없어 : Nothing beats A.
- 둘째가라면 서럽지 : A is second to none.

예문

- 내 것이 최고야 : Mine is the best.
- 집밥 만한 건 없어 : Nothing beats home cooking.
- 집에서 쉬는 게 최고야 : Nothing beats staying at home.
  (●스포츠 볼 때 맥주 만한 거 없어? _____)
- 여기 디저트는 최고야 : The dessert here is second to none.

Let's practice ❸ ➡ ❷ ➡ ❶ ➡ GO

1 이건 역대 최고의 영화야 :

2 우리엄마 김치찌개가 최고야 :

3 피자는 이 집이 최고야 :

4 비오는 날에는 막걸리 만한 것 없지! :

5 가수로서 그는 누구에게도 뒤지지 않아 :

6 공연 정말 최고였어. 나랑 같이 와줘서 고마워 :

'쇼핑 표현'

그냥 둘러보고 있어요

🗣 핵심표현

- 쇼핑 가다 : go shopping
- 그냥 둘러보고 있어요 : I'm just looking around, thanks.
- A를 찾고 있어요 : I'm looking for A.
- 이거 입어봐도 되나요? : Can I try this on?
- ~사이즈, 색상으로 있나요? : Do you have this in size, color?
- ~색으로 나오나요? : Does it come in color?
- 이거 재고 있나요? : Do you have this in stock?
- 세일 중인가요? : Is this on sale?
- 저 이걸로 할게요 : I will take this.
- 다음에 다시 올게요 : I will come back later.

⏱ Let's practice ❸ ▸ ❷ ▸ ❶ ▸ GO

① 아뇨, 괜찮아요. 그냥 둘러보고 있어요 :

② 저 검정색 원피스 찾고 있는데요 :

③ 저 이거 입어봐도 되나요? 탈의실 어디에요? :

④ 이거 더 작은 사이즈로 있나요? :

⑤ 이거 재고 있나요? 파란 색으로 나오나요? :

⑥ 이 셔츠 너무 작은데… 더 큰 사이즈로 있나요? :

'원래'

이거 원래 이래요?

😊 핵심표현

- 보통, 평상시 : usually, normally
- 원래 이렇게 되어 있는 것 : be supposed to + 동사 원형
- 예전에는 : used to + 동사 원형
- 원래의 계획 : was planning (going) to + 동사 원형

😊 예문

- 저 원래 이렇게 일찍 출근해요 : I usually go to work this early.
- 이거 원래 이렇게 매운거야 : It is supposed to be this spicy.
- 여기 원래 식당이었는데 : It used to be a restaurant here.
- 원래 친구랑 만나기로 했는데, 그냥 집에 갔어 :

  I was planning (going) to meet my friend but I just went home.

😊 Let's practice ❸ ⇢ ❷ ⇢ ❶ ⇢ GO

1 이 빌딩 원래 카페였었는데 :

2 저 원래 늦게 출근해요 :

3 이 셔츠 원래 이렇게 크게 나온 거에요 :

4 나 원래 집에 가려고 했는데, 친구들이랑 밥 먹었어 :

5 저 원래 코코아 좋아했었어요 :

6 이 피자 좀 짠데. 이거 원래 이래? :

'짜증나다'

너 때문에 <u>미치겠어</u>

☺ 핵심표현

- **You** drive me crazy : 너 때문에 미치겠어 (•같은 표현은? _____)
- annoying : 짜증나는, 성가시는 / a pain in the neck : 골칫거리

☺ 예문

- 이 프로젝트 때문에 미치겠어 : **This project is** driving me crazy.
- 너 때문에 짜증나 : **You are** annoying.
- 너 골칫덩어리야 (짜증나) : **You are** a pain in the neck.

⏱ Let's practice ❸ ▸ ❷ ▸ ❶ ▸ GO

1 그 남자 때문에 나 완전 열 받았어 :

2 그는 항상 늦어. 정말 미치겠어 :

3 Ted 정말 짜증나게 한다 :

4 다리 그만 떨어. 엄청 성가셔 :

5 그는 한 시간씩 나한테 전화해. 골칫거리야 :

6 아이들은 골칫거리일 때도 있죠 :

148

'I'm stuck'

나 <u>집콕</u> 중

☺ 핵심표현

- be (get) stuck : ~에 갇혀서 꼼짝 달싹 못하다
  (차가 막혀 움직이지 못하다, ~에 끼었다, ~에 갇히다, ~을 해결하지 못하고 막히다)

☺ 예문

- 차가 막혀서 나 꼼짝도 못하고 있어 : I'm stuck in traffic.
- 나 10번 문제에서 막혔어 : I'm stuck on question 10.
- 나 집콕 중 : I'm stuck at home.

⏱ Let's practice ❸ ▸ ❷ ▸ ❶ ▸ GO

⒈ 나 여기 하루 종일 갇혀 있어 :

⒉ 나 늦을 거야. 차가 막혀서 꼼짝도 못하고 있어 :

⒊ Jake는 오늘 아침에 엘리베이터에 갇혔어 :

⒋ 저 5번 문제에서 막혔어요. 어려워요 :

⒌ 오늘 오전에 눈 펑펑 왔어. 차가 막혀서 꼼짝도 못 했어 :

⒍ 목에 생선 가시가 걸린 것 같아요 :

149

'위로, 격려'

그렇다고 세상 끝난 거 아냐

핵심표현

- 다 잘 될 거야 : Everything will (is going to) be okay (alright, fine).
- 이 또한 지나가리 : This too shall pass.
- 기운 내 : Cheer up / Keep your chin up!
- 걱정 할 것 없어 : You have nothing to worry about.
- 세상 끝난 거 아냐 : It's not the end of the world.
- 위로, 격려의 말 : pep talk (•격려의 말을 해주다는? _____)

예문

- 격려의 말 고마워 : Thanks for your pep talk.

Let's practice ❸ ▸ ❷ ▸ ❶ ▸ GO

1 격려의 말 고마워. 정말 도움 됐어 :

2 걱정 할 것 하나도 없어. 한 번 더 해보면 되지 :

3 걱정 마. 다 잘 될 거야 :

4 나 너 위로 해주러 왔어 :

5 에이, 기운 내. 나쁘지 않았어 :

6 시험 합격 못한다고 해도 세상 끝나는 거 아니야 :

150

'It's like'

꿈만 같아요

☺ 핵심표현

- 주어 + be like + 명사 , 문장 : 마치 ~과 같다, 비슷하다

☺ 예문

- 꿈만 같아 : It's like a dream.
- 라면 만드는 것처럼 쉬워 : It's like making ramen.
- 마치 내가 뉴욕에 살고 있는 것 같아 : It's like I live in New York.
- 그거 그런 거 아니야 : It's not like that.
- 이 정도 크기야 : It's like this size.
- 이런 색깔이야 : It's like this color.

⏰ Let's practice ❸ ▶ ❷ ▶ ❶ ▶ GO

1. 마치 영화 같아 :

2. 그렇게 크진 않아. 한 이 정도 크기야 :

3. 네가 생각하는 것처럼 그런 거 아냐 :

4. 이 책상보다는 훨씬 밝은데. 한 이 정도 색깔이야 :

5. 내가 더 이상 여기에 속해있지 않은 것 같아 :

6. 그는 내 말 안 들어. 마치 벽에 대고 얘기하는 것 같아 :

'take a raincheck'

다음으로 미루자

핵심표현

- take a raincheck : 다음으로 기약하다
- take a raincheck on : ~을 다음에 하다
- Maybe some other time : 나중에, 시간 될 때 다음에 해요

예문

- 컨디션이 안 좋아서. 다음에 봐도 될까? :
  I'm not feeling well today. Can we take a raincheck?
- 맥주는 다음에 마시자 : Let's take a raincheck on beer.

Let's practice ❸ ➧ ❷ ➧ ❶ ➧ GO

1 나 집에 가야 해서 다음에 하자 :

2 다음에. 나 할 일이 많아서 :

3 우리 강아지가 엄청 아파서, 다음으로 미뤄야 할 것 같아 :

4 오늘은 시간이 그리 많지 않네. 다음에~ :

5 다음으로 미뤄도 될까요? 오늘 밤 늦게까지 일해야 해서 :

6 미안해 하지마. 저녁 다음에 먹지 뭐 :

'make'

나 드디어 <u>해냈어</u>

😊 핵심표현

- make it : ~을 해내다, 가능하게 하다, ~에 갈 수 있다
- make up (with) : 화장하다, 보상하다, ~와 화해하다
- I just made it up : 그냥 지어낸거야
- make it up to 사람 : ~에게 보답을 하다, 만회하다

😊 예문

- 나 해냈어 : I made it!
- 너희들 (저녁식사에) 올 수 있어? : Can you guys make it?
- 나 친구랑 화해했어 : I made up with my friend.
- 내가 너에게 만회할 기회를 줘 : Let me make it up to you.

😊 Let's practice ❸ ▸ ❷ ▸ ❶ ▸ GO

1 미안, 그냥 지어낸 거야 :

2 너희들 와줬구나! 너희들 배고프지 않니? :

3 나 그날은 못 갈 것 같아. 다음 주 일요일은? :

4 내가 만회하겠다고 약속 할게 :

5 오늘 저녁 먹으러 집에 와. 올 수 있겠어? :

6 우리는 크게 싸웠지만 바로 화해 했어 :

'catch up'

우리 언제 밥 한 번 먹어야지

😊 핵심표현

- catch up with : (물리적, 수준, 진도, 소식, 근황) ~을 따라잡다
- catch up on : (미뤄진 일, 못다한 일) ~을 마저 하다, 따라잡다

😊 예문

- 너 먼저 가. 내가 따라 갈게 : You go first. I will catch up with you.
- (실력) 난 Ted를 따라 잡을 거야 : I will catch up with Ted.
- 우리 언제 밥 한 번 먹어야지 : We should catch up.
- 나 밀린 독서 해야 해 : I got to catch up on my reading.
- 나 밀린 잠 좀 자야겠어 : I should catch up on sleep.

🕐 Let's practice ❸ ▸ ❷ ▸ ❶ ▸ GO

1 내가 곧 너 따라 갈게 :

2 나 밀린 집안일 할 거야 :

3 나 진도 따라가려면 열심히 공부 해야해 :

4 너 언제 시간 돼? 우리 밥 한 번 먹어야지 :

5 나 밀린 일이 많아 :

6 너 수업 빠지면, 진도 따라잡기 힘들 거야 :

'술 표현'

나 엄청 취했어

핵심표현

- drink : 술을 마시다 (명사 가능 : Let's go for a drink)
- tipsy : 취기가 약간 있는, 알딸딸한
- sober : 술에 취하지 않은 (•sober up의 뜻?_____)
- drunk : 술에 취한 (뒤에 명사 오지 않음)
- drunken : 술에 취한 (명사 를 꾸며주는 역할) (•취객은?_____)
- hammered, wasted : 엄청 취한, 꽐라인

예문

- 나 오늘 술 마실거야 : I'm going to drink today.
- 나 조금 알딸딸해 : I'm a little bit tipsy.
- 너 술 깨면 얘기하자 : Let's talk when you sober up.

Let's practice ❸ ▸ ❷ ▸ ❶ ▸ GO

1 절대 음주운전 하지마 :

2 나 좀 취한 것 같아 :

3 이거 끝나고 술 마시러 가자 :

4 나 취한 거 아냐. 그냥 좀 알딸딸해 :

5 나 엄청 취해서, 뭘 했는지 기억도 안 나 :

6 오늘 한 번 거하게 마시자! :

155

'have high standards'

넌 눈이 높아

☺ 핵심표현

- 눈이 높다 : have high standards / **you are** picky
- 눈이 낮다 : have low standards / **you are** not picky
- 눈이 낮추다 : lower one's standards
- ~의 수준에 맞지 않다, 과분하다, 넘사벽 : be out of one's league

☺ 예문

- 너 눈 좀 낮춰 : **You should** lower your standards.
- 넌 나보다 수준이 높아 / 과분한 사람이야 : **You are** out of my league.

🕐 Let's practice ❸ ⇢ ❷ ⇢ ❶ ⇢ GO

1 나 눈 안 높아 :

2 저는 다 잘 먹어요 : (picky는 까다롭다이고, 음식에 대해 까다롭지 않다니 다 잘 먹는 의미가 되요)

3 쥬디는 내가 넘 볼 수 있는 여자가 아니야 :

4 그는 눈이 높아서, 여친이 없는 거야 :

5 그는 눈을 낮추고 싶어 하지 않아 :

6 이 회사는 내가 다니기에는 역 부족이야 :

'walk'

내가 <u>걸어서</u> 집까지 <u>바래다줄게</u>

😊 핵심표현

- 걷다 : I walk **to work** / Can you walk?
- 산책하다, 산책 시키다 : take a walk, go for a walk
- ~를 걸어서 바래다주다 : walk + 사람 + to 장소
- ~에게 차근차근 설명하다 : walk + 사람 + through

😊 예문

- 걸어갈 수 있는 거리에요 : It's within walking distance.
- 나 강아지 산책 시키는 중이야 : I'm walking **my dog.**
- 내가 걸어서 너희 집에 데려다줄게 : I will walk you home.
- 제가 과정을 단계별로 설명해드릴게요 : I will walk you through **the procedure.**

⏰Let's practice ❸ ➠ ❷ ➠ ❶ ➠ GO

1 나 걸어서 집에 데려다 줄래? :

2 저는 일주일에 2번 강아지 산책 시켜요 :

3 내 직장동료가 차로 집에 태워 줬어 :

4 내가 걸어서 집에 데려다 줄게. 밤에 좀 위험하거든 :

5 그렇게 멀지 않아요. 걸어서 갈 수 있는 거리에요 :

6 그가 어떻게 서류를 제출하는 지 차근차근 알려줄게요 :

'a big deal'

에이, 별 거 아닌데 뭘

😊 **핵심표현**

- It's not a big deal : 별 일 아니야, 대단한 일 아니야, 그렇게 중요하지 않으니 전전긍긍하지마
- (It's) not a big deal (= It's no big deal)
- It's a big deal : 별 일이거든?, 되게 중요하거든?

😊 **예문**

- 별 일 아니야. 미안해 하지마 : It's not a big deal. **Don't be sorry.**
- 별 거 아냐. 너 괜찮을거야 : It's not a big deal. **You will be fine.**

🕐 **Let's practice ❸ ➡ ❷ ➡ ❶ ➡ GO** ·······································

▣ 나에게는 아주 중요한 일이야 :

▣ 별 거 아니야. 내가 널 도와줄 수 있어서 다행이고만 :

▣ 그냥 사진 한 장인데 뭐. 뭐 별거 아니지 :

▣ 엄청 큰 일이거든? 나 완전 걱정 돼 :

▣ 너 왜 그렇게 심각해? 별 일 아니잖아 :

▣ 내가 나머지 처리 할게. 대단한 일 아니니까 :

158

'help'

내가 이거 도와줄게

😊 **핵심표현**

- ~이 ~하는 것을 도와주다 :
  help + 사람 + 동사 원형 or with 명사

😊 **예문**

- 나 숙제 (하는 것) 도와줘 : Please help me with my homework.
- 나 이거 도와줘 : Please help me with this.
- 나 이 상자 옮기는 것 도와줘 : Please help me move this box.
- 지퍼 좀 올려줘 : Can you help me with this zipper?

🕐 **Let's practice ❸ ▸ ❷ ▸ ❶ ▸ GO**

🔳 이 가방 좀 들어줄래? :

🔲 여기. 내가 그거 도와줄게 :

🔳 Suzy가 나 과제 하는 거 도와줬어 :

🔳 나 이거 도와줄 시간 있어? :

🔳 미안하지만, 이번 거는 내가 널 못 도와주겠네 :

🔳 너의 친구들, 그리고 선생님들이 이 문제 도와줄거야 :

159

'mind'

저 질문 하나 더 <u>해도 될까요?</u>

핵심표현

- (질문) Do you mind if 주어 + 동사 ? : ~해도 될까요?
- (대답) Yes (싫어요) / No, not at all! No, go ahead (그러세요)
- If you don't mind me + 동사 ing : 내가 ~하는 것이 괜찮다면

예문

- 나 문 닫아도 돼? : Do you mind if I close the door?
- 질문 하나 더 해도 될까요? :

   Do you mind if I ask one more question?
- 이런 질문 드려도 될지 모르겠지만, 결혼 하셨나요? :

   If you don't mind me asking, are you married?

Let's practice ❸ ▸ ❷ ▸ ❶ ▸ GO

1 나 내 친구 데려가도 될까? :

2 네 충전기 플러그 빼도 될까? :

3 너 괜찮으면, 내가 소금 더 넣을게 :

4 저 이 의자 가져가도 될까요? :

5 이런 질문 해도 될지 모르겠는데, 하시는 일이? :

6 실례가 되지 않는다면, 이거 얼마에 주고 사셨어요? :

'Do I have to?'

저희 차려 입어야 하나요?

핵심표현

- Do I have to + 동사 원형 ? : 저 ~해야 하나요? (생각, 의무)
- Why do I have to + 동사 원형 ? : 저 왜 ~해야 해요?
- When do I have to + 동사 원형 ? : 저 언제 ~해야 하나요?

예문

- 저 넥타이 매야 하나요? : Do I have to wear a tie?
- 저 토요일에 일해야 하나요? : Do I have to work on Saturday?
- 저희 차려 입어야 하나요? : Do we have to dress up?
- 저 넥타이 왜 매야 하는 거죠? : Why do I have to wear a tie?
- 토요일에 왜 일해야 하는 거죠? : Why do I have to work on Saturday?

Let's practice ❸ ➡ ❷ ➡ ❶ ➡ GO

1 저 이거 오늘까지 끝내야 하나요? :

2 나 선물 사가야 하나? :

3 저 신발 벗어야 하나요? :

4 저희 추가 요금 내야 하나요? :

5 이 책 언제 반납하면 되죠? :

6 나 이거 다시 해야 해? 나 시간 없는데 :

'I was wondering if'

제가 내일 보내도 될까 해서요~

😊 핵심표현

- (부탁) I was wondering if I / you could : 혹시 ~해주 실 수 있나요? 가능할까 해서요~
- (제안) I was wondering if you wanted to + 동사 원형 : 혹시 ~하고 싶으세요?

😊 예문

- 저희 얘기 좀 할 수 있을까요? : I was wondering if we could talk.
- 저 도와주실 수 있나 해서요 : I was wondering if you could help.
- 오늘 술 한잔 하러 가실래요? : I was wondering if you wanted to go for a drink.

🕐 Let's practice ❸ ▶ ❷ ▶ ❶ ▶ GO

① 네 노트북 빌릴 수 있을까 해서 :

② 제가 질문 하나 해도 될까 해서요 :

③ 네 충전기 사용 해도 될까? :

④ 저희랑 점심 같이 하실까 해서요 :

⑤ 오늘 저녁에 약속있어? 저녁이나 같이 먹을까 했지 :

⑥ 저녁 먹으러 우리 집에 올 수 있나 해서 :

'I don't know if'

나 혼자 이거 할 수 있을지 모르겠어

☺ **핵심표현**

- I don't know if + 주어 + 동사 : ~인지 아닌지 모르겠어

☺ **예문**

- 그가 나를 좋아하는지 모르겠어 : I don't know if he likes me.
- 우리가 친구가 될 수 있을지 모르겠어 : I don't know if we can be friends.
- 내가 너한테 이거 말했는지 모르겠는데 : I don't know if I told you.
- 그녀가 올지 안 올지 모르겠어 : I don't know if she will come.

⏰ **Let's practice ❸ ▸ ❷ ▸ ❶ ▸ GO**

① 이거 좋은 건지 모르겠어 :

② 이게 맞는 건지 모르겠어 :

③ 그 식당 아직 열려 있는 지 모르겠네 :

④ 네가 커피 좋아하는지 모르겠지만… :

⑤ 내가 오늘 밤에 거기 갈 수 있을 지 모르겠어 :

⑥ 오늘 팀장님이 회의에 참석 할 지 모르겠네요 :